불완전한 인간을 위한 완전한 지혜

바르게 살지 마라
무섭도록 현명하게 살아라

일러두기

1. 이 책은 원서인 《사람을 얻는 지혜 Oráculo Manual y Arte de Prudencia》를 발췌, 번역했습니다.
2. 원문의 이해를 돕기 위해 편집부에서 제목을 달았습니다.

불완전한 인간을 위한 완전한 지혜

바르게 살지 마라
무섭도록 현명하게 살아라

발타사르 그라시안 지음 | 김종희 옮김

빅피시
BIG FISH

하루 한 장, 지혜의 책으로
불안을 다스리는 법

발타사르 그라시안은 17세기 스페인의 철학자이자 예수회 신부였다. 1601년 벨몬트에서 태어나 18세에 예수회에 입회한 뒤로, 21세 무렵까지 발렌시아 사라고사 대학에서 철학 공부와 신학 과정을 이어 갔다. 이윽고 25세에 예수회 신부가 된 그는, 세상과 인간을 들여다보는 남다른 통찰과 풍부한 지식을 바탕으로 설교를 펼치며 큰 명성을 얻게 됐다.

불과 마흔의 나이에 설교자로 널리 알려진 후 1642년에 책 《재능의 기술》을 선보였고, 그로부터 5년 뒤에 이 책의 내용을 더욱 깊고 넓게 확장한 개정판을 내놓았다. 바로 《사람을 얻는 지혜》가 그것이다. 이 책은 훗날 마키아벨리의 《군주론》에 비견되는 불후의 명저이자 그의 대표작으로 칭해지는데, 《바르게 살지 마라 무섭도록 현명하게 살아라》는 바로 이 책에서 가장 중요하면서 요즘 시대에 맞는 부분만을 발췌, 번역한 것이다.

대개 '인생론'을 다룬 책들은 애매모호하거나, 이상론에 머물러 있는 경우가 많다. 그러나 발타사르의 글은 철학적이고 형이상학적이기보다 지극히 실용적이고 현실적이다. 그는 보통 사람의 실생활과는 한 발 떨어진 삶을 사는 성직자였음에도 불구하고, 종교적이거나 도덕적인 이야기만을 하지 않았다. 오히려 세상과 인간관계의 논리를 철저하게 분석해 혼란한 사회로부터 자신을 지킬 실질적인 방법을 전하고자 했다. 일견 세속적으로 읽힐 만큼 철저하게 현실적인 발타사르의 시각은 어디에서 기인했을까? 그가 살던 시대를 살펴보면 그 답을 알 수 있다.

그가 살았던 17세기의 스페인은 '무적함대'를 필두

로 세계를 제패하던 대제국의 위력이 서서히 꺾이며, 쇠락해 가던 시기였다. 오랜 시간 이어진 전쟁의 여파로 경제적 위기가 찾아왔고 사회에는 빈곤과 타락, 부정과 부패가 팽배해 갔다. 이러한 시대적인 배경 속에서 발타사르는 그저 설교만 전하려 하지 않은 것이다. 대중을 위해 혼란한 사회 속에서도 자신을 잃지 않고 성공과 행복을 지켜나가기 위한 냉정하고도 지혜로운 조언들을 전하고자 했다.

이렇게 완성된 이 책은 400년 동안 회자되며 많은 이에게 깨달음과 영감을 주었다. 특히 독일의 철학자 쇼펜하우어는 무명 시절에 이 책을 읽고 감동받은 나머지, 직접 스페인어를 배워 독일어로 번역하기도 했다. "평생 들고 다니며 읽어야 할 인생의 동반자"라고 극찬했을 만큼, 그의 철학 곳곳에서 발타사르의 영향을 받은 흔적을 찾아볼 수 있다.

니체 역시 "이보다 날카롭고 명쾌한 인생 처세서는 없다"라고 했을 정도로 발타사르의 가르침을 평생의 지침서로 삼았다. 제2차 세계대전을 승리로 이끈

영국의 수상 처칠도 항상 이 책을 머리맡에 두었다고 한다.

이 책을 우리말로 옮기며 인간관계부터 성공, 동기 부여 등 인생의 수많은 고민에 대해 수백 년의 시간을 뛰어넘어 여전히 유효한 답을 내놓는 발타사르의 날카로운 통찰에 감탄을 거듭했다.
《바르게 살지 마라 무섭도록 현명하게 살아라》는 어려운 순간을 살아가는 모든 독자에게 자신을 잃지 않고, 무섭도록 현명하게 살아가는 최고의 지혜를 안겨줄 것이다. 아무쪼록 곁에 두고 인생의 나침반으로 삼길 바란다.

김종희

차례

1장   **"쉽게 속마음을 드러내지 마라"**
사람을 얻는 지혜

2장　"실제보다 더 큰 존재로 보이라"
성공을 위한 지혜

3장

"피할 수 있는 것은 피하라"
더 나은 인생을 위한 지혜

4장 "아무리 긴 밤이어도 반드시 해는 뜬다"
내면을 단단하게 만드는 지혜

5장 "세상이 인정하는 것을 비난하지 마라"
현명한 대화를 위한 지혜

1장

"쉽게 속마음을
드러내지 마라"

사람을 얻는 지혜

세상은 위선과 기만으로 가득하다. 마땅히 성공해야 할 자가 실패하고 이길 자격이 없는 자가 승리한다. 또 진실한 사람은 외면당하고 아첨하는 이들일수록 높은 자리에 올라간다. 이 같은 세상에서 성공하기 위해서는 반드시 신중하라. 세상의 모순에 섣불리 자신을 던지지 말고, 타인의 생각을 귀담아 듣되 자신의 생각은 가능한 한 숨겨라. 이것이 인생을 살아내는 가장 큰 지혜다.

나보다 나은 사람을
곁에 두지 마라

자신보다 빛나 보이는 사람을
가까이 두지 않는 게 좋다.
그 사람의 장점 덕분에 빛나 보이든,
질투심 때문에 멋져 보이든 상관없다.
상대방이 주목받고 영예로울 때,
당신은 그의 그림자에 가려질 뿐이다.

달은 오로지 태양이 없을 때만
밝게 빛날 수 있다.
마찬가지로 당신을 초라하게 만드는 사람과
같은 시험대에 서지 말고,
자신보다 빛나지 않는 사람과 사귀라.

Baltasar Gracián

처세의 요령은

자기보다 나은 사람이 아니라,

평범한 사람과 어깨를 나란히 하고 걷는 것이다.

Oráculo Manual y Arte de Prudencia

속마음을 쉽게
드러내지 마라

자신에 대해 즐겨 말하면
자랑이 되거나 비하가 되기 쉽다.
자랑은 자만심을 드러내고,
비하는 기죽은 증거가 된다.
듣는 이도 자신도 모두 불쾌하다.

평소 대화를 할 때든, 업무 현장에서든
개인적인 이야기를
쉽게 꺼내지 않는 편이 좋다.
대중 앞에서 말할 때는 특히 주의해야 한다.

또 그 자리에 없는 사람을

화제 삼지 않아야 한다.

공허한 칭찬이나 비판이 될 수밖에

없기 때문이다.

어느 쪽이든 도가 지나치면 해가 된다.

상대가 이득을 봤다고
착각하게 하라

나를 도와주는 사람이

스스로 이득을 봤다고 여기도록 하라.

그러면 도움을 준 상대는

마치 자신이 그 대가를 받은 것처럼 느낀다.

나에게 좋은 게

상대에게도 좋다는 인상을 주는 것이 중요하다.

어느 쪽이 얼마만큼 이득 봤는지를

애매하게 만듦으로써,

상대에게 만족감을 불러일으킬 수 있다.

약간의 결점은
내보일 것

때때로 약점을 보임으로써
오히려 관계의 우위를 차지할 때도 있다.

괜한 질투를 사면
이유 없이 비난받거나
나중에 보복을 당할 수 있다.

언제나 분별력을 유지하면서
지성이나 도덕적인 면에서
소금 부족해 보이는 편이 좋다.
타인의 질투심을 누그러뜨리고
그 해악이 내게 닥쳐오지 않게 하기 위해서다.

질투에 빠진 상대방에게
나도 약한 존재임을 드러내면
지금의 명성에 흠결을 내지 않고
내내 유지할 수 있을 것이다.

고마운 존재보다
필요한 존재가 되라

현명한 자는 고마운 존재보다
필요한 존재가 되려 한다.
의지할 수 있는 존재보다
중요한 순간에 도움을 주는 존재가
누구에게나 절실하다.
호의나 고마움은 그 순간을 벗어나면
금세 사라지는 감정이기 때문이다.

그러므로 상대가 무언가를 필요로 할 때
당신을 떠올리게 만들라.
고마운 사람보다 필요한 사람이 되는 편이
당신의 가치를 높인다.

평판은 예측하지 못한
곳까지 다다른다

Baltasar Gracián

평판에는 날개가 있어
생각지도 못한 곳까지 날아간다.

그러니 간교하거나 영악한 행동은
꼭 필요한 경우에만 활용할 것.
다른 이가 당신을 교활하다고
평가하는 일을 만들지 말라.

나태한 것보다 사리를 판단하며 살아가는 것이
더욱 바람직하며,
양심을 속이고 불안해하며 사는 것보다
지혜를 가지고 존경받으며 사는 편이 훨씬 낫다.

너무 사랑하지도,
너무 미워하지도 말 것

Oráculo Manual y Arte de Prudencia

너무 사랑하지도,

너무 미워하지도 말 것.

오늘의 친구가

내일의 가장 큰 적이 될 수도 있다.

이 사실을 이해하며

언제나 마음의 준비를 하라.

친구가 배신자로 변한다 해도 공격하지 말라.

동시에 적과 화해할 마음을 계속 가지라.

어제는 복수심에 불타던 사람이

오늘은 고뇌를 품어

자신이 저지른 보복을 후회하게 될지도 모른다.

호의를 사면
편해진다

현명한 자일수록
타인의 호의 없이 살아가기에
인생이 얼마나 길고 힘든지 안다.

되도록 많은 사람에게 도움을 받으라.
격려받고, 위로받고, 내민 손을 붙잡으며
인생이란 항해에 순풍이 불어오도록 하라.

한번 호의를 얻으면
여러 가지가 함께 온다.
예를 들면 용기, 지혜, 분별력,
그리고 의욕과 같은 것들.

Baltasar Gracián

내게 호의를 품은 사람은
굳이 결점도 신경 쓰지 않는다.

한번 호감을 얻으면 유지하는 것은 간단하지만
그 첫 호감을 얻기가 쉽지 않다.
우선은 남에게 호감을 얻으려는 노력을 하라.
그리고 일단 호의를 얻으면
잊지 말고 활용하라.

가진 것보다 더 나은
존재로 보일 것

Baltasar Gracián

사람들은 자신이 이해할 수 있는 것에는

거의 관심을 두지 않는다.

반면 이해할 수 없거나

손에 넣기 어려운 것에는

경의를 표한다.

명품이 귀중한 이유는

쉽게 살 수 없을 만큼 비싸기 때문이다.

사람을 대할 때는

존경을 얻기 위해서라도

상대방보다 영리하고 능숙하게 보이도록

노력해야 한다.

너무 교만해도 비판받으므로
적절히 조절해야 한다.

상대방이 미처 판단하지 못해
머릿속이 복잡할 때라면
논쟁 없이 손쉽게 이길 수 있다.
'나를 이길 가치가 있는 사람'이라고 여길 때
상대방은 먼저 당신을 칭찬할 것이다.

평판이 안 좋은 사람과 거리를 두라

어리석은 사람을 못 알아본다면
그 자신도 같은 부류가 될 운명이다.
더 나쁜 것은
어리석다는 걸 알고 있으면서도
그와 관계를 끊지 못하는 것이다.
어리석은 사람이 주변에 있으면 위험하고,
하물며 심복이라면 죽음이 코앞이다.

어리석은 사람도
타인의 시선을 받는 동안에는
현명한 듯이 행동할 것이다.
하지만 결국에는

Baltasar Gracián

하나둘 소동을 일으키고
상황이 악화된다.

평판이 나쁜 사람 곁에 있으면서
내 평판이 좋아지는 일은
결코 있을 수 없다.
그나마 다행인 점은
현명한 자라면 어리석은 자의 행동을 보고
경계할 수 있다는 점 정도다.

너무 많이
베풀지 마라

다른 사람에게 너무 많이 주지 마라.

그 사람이 감사할 줄 모르게 될 수 있다.

조금 고마운 마음을 가진 친구가 있는 것은 괜찮지만

고마운 마음이 큰 부담이 되면

친구는 떠나거나 적으로 변할 수 있다.

빚진 사람은 항상

빌려준 사람이 눈앞에 있는 상황을

견딜 수 없기 때문이다.

내게 별로 필요치 않은 것 중에

상대방이 원하는 것을 주어라.

받은 사람이 소중하게 여길 것을 주는 게 중요하다.

Baltasar Gracián

012

능력이 없을수록
허세를 부린다

훌륭한 사람일수록
거드름 피울 필요가 없다.

거만한 태도는 천박하고
다른 사람에게 불쾌함을 준다.
건방진 사람은
주변 사람에게도,
자신에게도 고통을 줄 뿐이다.

허세를 부리며 자만심이 강한 사람은
사실은 그만한 능력이 없기 때문에
과도하게 행동할 수밖에 없다.

그렇기에 허세 부리기에 앞서 자신의 뜻을 접고
타인에게 능력을 인정받기 위해
계속 노력하는 편이 나을 것이다.

'그럴 수 있다'는
생각

못생긴 얼굴도 매일 보면
신경 쓰이지 않듯
동료의 결점도 차츰 받아들이라.

사람은 모두 서로 돕고 산다.
대하기 어렵고,
더구나 피할 수 없는 사람이란
언제나 있는 법이다.
그렇다면 생각을 전환해
'그럴 수 있다'고 여기자.
그러면 싫은 사람과 관계를 유지해야 할 때도
조금 수월해진다.

처음에는 지긋지긋한 기분이 들지 모른다.

그러나 '그럴 수 있다'고 생각하면

시간이 지날수록

그 어떤 성가신 사람도

그다지 신경 쓰이지 않게 될 것이다.

타인은 당신의 성격을
고쳐주지 않는다

Oráculo Manual y Arte de Prudencia

거만한 자, 우스운 자,
고집 센 자, 변덕스러운 자.
이 모두는 피하고 싶은 사람이다.

매사에 삐딱하거나 불성실한 사람
또는 좋은 사람인 척하는 사람도
마찬가지로 환대받을 수 없다.
이 모든 습성을 가지고 있다면
마음이 자주 혼란스러울 것이다.

타인은 아무도
당신의 나쁜 성격을 고쳐주지 않는다.

스스로 조율하고, 자제할 수밖에 없다.

항상 내면의 목소리에 귀 기울이고

잘못된 말을 내뱉지 않도록 주의할 것.

잘못된 행동을 한 뒤에도

자신의 어리석음이 칭찬받고 있다고

착각하지 마라.

지식보다
인맥이다

무언가 얻을 게 있는 사람이나
배울 점이 있는 사람과 사귀라.

상대에게 배우고
지식이나 의견을 교환하기 위해
사람을 사귀어야 한다.
그렇게 서로 주고받는 관계가 되면
주면서 기쁨을 얻고
새로운 정보로 시야를 넓힐 수 있다.

세상의 이치를 아는 사람일수록
고결한 자를 가까이하고

허세로 행동하는 사람을 피한다.

또 유능한 사람일수록

위대함을 발휘하는 사람,

학문에 빌자취를 남길 사람과 가까이한다.

중요한 것은 지식보다 인맥이다.

함께하는 사람이
나를 말한다

사람은 누구와 함께하느냐로 판단된다.

명예롭게 존경받을 만한 사람과

어깨를 나란히 하라.

이는 경이로운 일이면서

동시에 그 자신에게도 도움이 되는 길이다.

존경받는 훌륭한 사람과

행동을 같이하고 있다면

그 후광 덕분에 자신까지 빛나 보인다.

얻을 게 있는
사람과 사귀라

배울 점이 있는 사람을 본보기로 삼자.
존경하는 사람을 항상 대하고
그의 판단력이나 태도, 행동을 배우자.

자신의 결점과 반대되는 사람과 사귀어야 한다.
술을 많이 마시는 사람이라면
적당히 즐기는 사람과 친밀해지고,
성격이 불같다면
온화한 사람을 가까이하라.

삼라만상은 대비로 이루어져 있다.
대비가 있기에 세계는 지속되고

Baltasar Gracián

게다가 아름다울 수 있다.

이 진리를 기억하며
가까이할 사람을 고르라.
양극단이 만나,
넘치지도 모자라지도 않는
중용을 지킬 수 있을 것이다.

잃을 게 없는 사람은
지켜야 할 신뢰도 없다

신뢰할 수 있는 사람하고만
행동을 같이하자.
상대가 믿을 만한 인물이라면
만일 의견 차이가 생겨도
그 사람의 행동을 예측할 수 있다.
신뢰할 수 있는 사람과 논의하는 편이
신뢰할 수 없는 사람의 말을
의심하며 듣는 것보다 훨씬 좋다.

타락한 사람은 잃을 것이 없기에
지켜야 할 신뢰도 없다.
이런 사람과는 진정한 협력 관계를

구축할 수 없으므로
함께하지 않아야 한다.

대개의 사람은 신뢰를 얻기 위해
행동을 바로잡는다.
신뢰받지 못하는 사람은
자기관리의 미덕조차 갖추지 못한 자다.

인생은 짧지만,
지혜는 남는다

총명한 사람을 만나는 것은 행운이다.
무지나 오해 같은 위험을 피할 수 있고,
재난에서도 슬기롭게 헤쳐 나올 수 있다.

지식은 두고두고 남지만,
인생은 순간이다.
지식이 없는 사람은 반드시 망한다.
그러니 기꺼이 많은 사람에게서
배우고 또 배워야 한다.

사람은 자신이 배운 모든 현자의 말을 행할 때
그 노력으로 스스로도 현자가 된다.

Baltasar Gracián

이를 해낼 수 있는 사람은 현명한 인물뿐이다.

그러므로 총명한 사람을 가까이하라.
그는 이미 현자나 다름없다.

문제를
키우는 사람

사소한 일에 욱하면
모든 일이 잘 풀리지 않는다.
그러면 성격도 더욱 고집스러워지는데
이 때문에 상황이 더욱 나빠진다.
간단히 해결할 수 있는 문제도 싸움을 만드는 등
모든 대화를 제 성미대로 받아들이기 때문이다.

이런 사람은 마음의 평온함을 잃은 지 오래고,
타인과 사이좋게 지내려는 마음도 없다.
만나는 사람은 모두 적이고,
제 뜻대로만 행동하려 한다.

하지만 그러다 결국 아무것도 얻지 못하고,

무엇 하나 성취할 수 없다.

본인의 옹졸함을 이내 들키기 때문이다.

무슨 일이 있어도 이런 사람은 피하자.

고집이 센 사람보다 차라리 가벼운 사람이 낫다.

경쟁자를
동료로 만들라

누군가가 당신을 노리고 상처 주려고 할 때
이를 피할 방법이 있다.
경쟁자가 될 가능성이 있는 사람을
동료로 바꾸는 것이다.

자신을 상처 주려는 상대에게
기꺼이 자신의 뒤를 봐주는 역할을 맡겨라.
어떻게든 상대가 자신에게 신세를 지도록 하여,
당신을 위협하려 했던 의지를
감사의 마음으로 바꾸는 것이다.
고통을 기쁨으로,
악의를 신뢰로 바꾸는 방법을 잊지 마라.

상대의 단점을
간파하라

정신을 집중해서 나쁜 면을 간파하라.
설령 상대가 명예로운 자이고,
금으로 된 왕관을 썼더라도 말이다.

훌륭한 외모도 인간의 나약함을 감출 수 없다.
섬기는 상대가 아무리 훌륭한 사람이라도,
시키는 대로만 해서는 안 된다.

지위가 높아서라는 이유로
상대의 단점을 눈감아서는 안 된다.
또 그의 결점을 흉내 내서도 안 된다.

왜냐하면 사람들은

지위가 높은 사람의 어리석음에는 눈감아주지만

그것을 누군가 흉내 내면

쉽게 비웃기 때문이다.

기분 상하게 하는
사람은 어디에나 있다

사사건건 남을 불쾌하게 만들고,
주변인을 당황케 하는 사람은 너무 많아서
이런 사람을 피하기는 쉽지 않다.
어디에나 흔히 있기 때문이다.

그런 사람은
남의 실수를 일일이 지적하면서도
자신의 잘못은 보지 못하고,
귀를 꽉 막고 산다.
끊임없이 남에게 폐를 끼친다.

그중 가장 나쁜 부류는

본인은 무엇 하나 성실하게 하지 않으면서,

남의 노력은 무시하고

욕하기를 즐기는 사람이다.

그들이 고독하게 사는 이유는

아마 그러한 행동 때문일 것이다.

적당히 성실하게,
적당히 친절하게

간교함 없이 살기가 쉽지 않지만

교활하게 살기보다는

배려하며 살아야 한다.

적당히 성실하게,

사람도 적당히 좋아하는 태도를 갖도록 하자.

또 남을 괴롭게 하는 일에

지식을 사용하지 말라.

친절한 사람은 쉽게 호감을 사지만,

그만큼 속이기도 쉽다.

영악한 면을 보이는 것에도 주의하자.

요즘은 앞뒤가 다른 사람이 많다 해도
속을 알 수 없어 대하기 어려운 인물이 아닌
훌륭하고 신뢰할 수 있는 사람으로
평가받도록 노력히리.

진정한 친구를 가진
사람은 많지 않다

곁에 두면 도움이 될 친구인지,
거리를 둬야 할 친구인지 구분하라.
말솜씨는 부족해도
글솜씨가 뛰어난 사람도 있다.

친구는 즐기기 위함이 아니라
도움을 받기 위해 사귀는 것이다.
조화롭고, 착하고,
성실한 사람을 친구로 삼자.

진정한 친구를 가진 사람은
그리 많지 않다.

더구나 그 가치 있는 몇 안 되는 친구를
알아보는 사람은 더욱 적다.
그러므로 지금 있는 우정을 잘 유지하라.
그것이 새로 친구를 사귀는 일보다
훨씬 중요하다.

몇 년에 걸쳐 오래 사귈 친구를 고르라.
새 친구도 마침내는 오랜 친구가 된다.

진정한 친구가 있으면
즐거울 때 더욱 즐거워지고,
슬플 때 슬픔이 희미해진다.
친구는 영혼에 상쾌한 바람을 가져다주고
역경에서 구해주는 유일한 존재다.

불행은
불행을 끌어당긴다

Oráculo Manual y Arte de Prudencia

운이 좋은 사람과 나쁜 사람을
구분하는 능력을 기르라.

행운이 머무르는 사람 곁에서
함께 행운을 누리는 자가 현명하다.
한편 불운한 자에게서는
하루라도 빨리 멀어져라.

불운은 무분별한 본인의 마음에서 비롯되며
게다가 전염될 수도 있다.
작은 불운 하나도
쉽사리 인생에 끼어들게 허락해서는 안 된다.

반드시 더 큰 불운을 끌어당기기 때문이다.

카드 게임에서 버리는 카드가 있고,
승부의 열쇠가 되는 카드가 있는 것처럼
인생에서도 버려야 할 인물과
챙겨야 할 인물이 있다.
이를 잘 가려내야 한다.

총명한 사람, 사려 깊은 사람을 만났다면
반드시 그 곁에 머물러라.
행운은 틀림없이 바로 그 근처에 있다.

공부하듯
사람을 관찰하라

타인을 잘못 판단하는 일은
바람직하지 않다.
사람의 속은 알기 어렵고
잘못된 판단의 결과는
커다란 파장을 불러일으키기 때문이다.

아무리 지적인 사람이라 할지라도,
타인을 이해하는 능력까지
뛰어나지는 않다.

감정을 제대로 읽고,
성격을 파악하는 것은 중요한 능력이다.

책을 공부하듯

사람도 찬찬히 관찰할 필요가 있다.

첫인상에
속지 마라

첫 만남에서 들은 이야기를
그대로 믿어버리는 사람들이 많다.
그러나 의심스러워 보일지라도,
몇 차례 만난 뒤에 듣는 말이
진실에 가까울 수 있다.

진실을 가리는 오만한 허풍에 주의해야 한다.
이런 허언을 경계하지 않으면
무의식적으로 악담을 받아들이고,
악의 있는 자의 덫에 휘말릴 수 있다.
그렇기에 두 번째, 세 번째의 인상도
받아들일 준비를 해야 한다.

만약 계속해서 첫인상에 휘둘린다면

판단력이 부족하거나

감정에 휩쓸리기 쉬운 부류의 사람일 것이다.

Baltasar Gracián

필요하면
겉모습을 활용하라

외모는 타인의 선의를 쉬이 얻는 계기가 된다.
이를 활용할 줄 알아야 한다.

외모도 재주와 같아서
갈고 닦을 수 있다.
보통의 토양을
비료로 비옥하게 만드는 것과 같다.
사람들의 주의를 끌어서
내 편으로 만들라.

겉모습에
위축될 것 없다

Baltasar Gracián

당연히 두려워해야 할 만큼

위대한 사람은 없다.

그 누구에게든

무조건 고귀한 사람이라는 생각을

품지 않도록 하라.

그렇지 않으면 위축되기 때문이다.

일단 대화해 보면

그 막연한 감정은 착각이었음을 알 수 있다.

누구나 똑같은 인간이고,

저마다 결점도 있으며,

변명을 하기도 한다.

인정이 없는 사람이 있는가 하면,
용기가 부족한 사람도 있다.
높은 지위에 선 사람은 뛰어나 보여도,
실질적인 능력이 있는 사람은 드물다.

냉정하게 판단한 후
막연한 두려움에서 벗어나면,
누구를 대할 때도 자신을 잃지 않고
담대하게 대응할 수 있다.

성격 유형을
파악하고 예측하라

주변인의 성격을 파악해 두면

반드시 도움이 된다.

내면을 알면 행동을 예측할 수 있기 때문이다.

우울한 사람은

나쁜 미래를 상상하는 경향이 있다.

욕을 하는 사람은 비난에 민감하다.

불행은 부정적인 사람에게 일어난다.

감정이 격하고 고조되기 쉬운 사람은

이성적으로 대화할 수 없고,

쉽게 진실이 아닌 것을 말한다.

표정 또한 면밀히 읽어라.

Baltasar Gracián

누구나 얼굴에 본심이 드러난다.
분별없이 웃음이 헤픈 사람은 천박하고,
소문을 좋아하는 사람은 수다쟁이에다
캐묻기를 좋아하는 자이므로 피해야 한다.
추한 사람은 외모가 하늘의 탓이라고 생각해
늘상 불평하고 남을 깎아내린다.
이런 사람한테 기대해서는 안 된다.

예민한 사람을
사귈 때는 주의하라

예민한 사람은 친구나 동료를 사귀기 어렵다.
매사에 예민하고 쉽게 기죽는 사람은
자신에게 흠이 있고 패기가 없다는 것을
은연중에 드러낸다.

자신에게 나쁜 일이 일어나는 것은
당연하다고 생각하며
만나는 모두가 악의를 품고 있다고 여긴다.
마치 조금만 스쳐도 바로 상처받는 눈동자와 같다.

이런 사람과 사귈 때는 조심히 행동하라.
동요하게 하거나

기분을 상하게 하지 않도록 주의하라.

이런 자들은 보통

자기중심적으로 상황을 해석하며

자신의 만족을 위해 어떤 일이든 할 것이기 때문에

자신조차도 위험에 빠뜨릴 수 있다.

이런 자들을 상대할 수밖에 없다면,

다이아몬드와 같은 사람이 되도록 하라.

참을성 있고, 확고하며, 심지가 단단하고,

시간의 흐름에 무너지지 않는

사람이 되는 것이다.

Oráculo Manual y Arte de Prudencia

누구에게나
사정은 있다

Baltasar Gracián

사람들은 각자 자신이 옳다고 생각하는 신념을
다양한 방법으로 정당화한다.
어떤 문제로 두 사람의 의견이 대립했을 때
각자 자신이 옳다고 믿지만
진실에 이면은 존재할 수 없다.

상대방의 견해를 비판할 때는 조심스럽게 하되,
즉각 반박하는 것은 삼가라.
상대의 입장에서
이해하려고 노력해야 한다.
그의 입장에서 문제를 검토해 보면
상대를 완전히 비난하기도,

자신의 근거를 완전히 옹호하기도
어려움을 알 수 있다.
상대의 입장에서 잠시 생각하자.

미워하는 마음은
자신을 깎아내린다

Baltasar Gracián

사람을 싫어하는 짓은 그만두자.

사람들은 종종 제대로 모르면서

경솔하게 판단한다.

인간이기에 그렇다고 할 수도 있겠지만,

그렇기에 남을 미워하는 마음을

이성적으로 억누르려는 노력은 가치가 있다.

증오는 자신의 진가를 떨어뜨릴 뿐이다.

자신보다 나은 사람을 향할 때 특히 그렇다.

기억하자.

위대한 사람에게 공감하는 태도는

자신의 성장으로 이어지지만,

증오는 자신의 평판을 깎아내린다는 것을.

역량을 끌어내는 건
온전히 자기 몫이다

사람들에게 인기가 있는 것도 좋은 일이지만,
더 중요한 건 진정한 애정을 얻는 것이다.

진정한 애정은
대부분은 완전히 노력에 달려 있다.
즉, 어떤 능력을 갖고 태어나도,
그것을 끌어내는 노력은 스스로에 달린 것이다.

어떤 재능이나 능력이 있다 해도
그것이 누군가를 위해 발휘되지 않으면
아무 의미가 없다.

Baltasar Gracián

남을 위해 행동하자.

그러면 곧 당신에게도 누군가가

좋은 행동을 할 것이다.

자신을 사랑함으로써,

남들로부터도 사랑을 받는다.

소심해서
놓치는 운

현명한 사람은
행운을 잘 받아들이는
넓은 마음을 가지고 있다.

계속 탐욕스럽게 성공을 지향하라.
그러면 행운을 받아들이는 마음이
더욱 넓어지게 될 것이다.

소심해서 큰일을 이루지 못하는 사람도 있다.
본인의 도량에 비해
너무 많은 성공을 거둔 나머지,
운을 제대로 소화하지 못하는 것이다.

미숙하기 때문에 행운을 내뱉어 버리고

결국 그 행운은

자연스럽게 받아들일 수 있는 사람에게 모인다.

이미 많은 것을 손에 넣었다 해도,

더 많은 행운을 쥘 수 있도록 노력하라.

할 수 있는 때에 그 기회를 잡아야 한다.

만약 기분이 내키지 않더라도,

그 낌새를 밖으로 드러내지 마라.

2장

"실제보다
더 큰 존재로 보이라"

성공을 위한 지혜

어떤 상황에서도 필요 이상으로 자신을 드러내지 마라. 당신의 진가를 단번에 모두 보여줄 필요는 없다. 그러면 상대방은 곧 흥미를 잃을 것이다. 기회가 있을 때 새로운 면모를 드러냄으로써 상대를 놀라게 하라. 실제보다 더 크게 보이는 사람, 가진 것보다 더 많이 가진 것처럼 보이는 자에게 사람이 따를 것이다.

001

현명함을
들키지 마라

일할 때 현명함과 영리함은 강점이 되지만
저변에 깔린 계산을 타인에게 들켜서는 안 된다.

눈썰미가 좋은 수완가로 인정했던 사람이
다른 속내를 품었다는 게 알려지면
사람들은 당신을 꺼리거나 경시할 것이다.

남에게 들키지 않고 영리하게 일을 계획해야 한다.
이를 위해 충분한 검토를 거쳐 계획을 세우고,
확신을 품은 뒤에 실행해야 한다.

달성 가능한
최고의 지향점을 정하라

위대한 인물을

그저 모방하는 데 그치지 않고,

본받으려는 태도는

자신의 목표와 이상을 설정하는 데 도움이 된다.

위대한 인물을 최고의 지향점으로 삼으라.

알렉산더 대왕이

아킬레스의 죽음을 애도한 이유는

죽은 아킬레스를 향한 안타까움 때문이 아니라,

아직 영광을 손에 넣지 못한 자신을 애도한 것이었다.

타인의 명성을 질투하기보다

같은 정상에 도달하려는 자신을 격려하고
야망을 불태울 수단으로 삼으라.

필요 이상으로
자신을 드러내지 마라

누구에게나 똑같은 얼굴을 보일 필요는 없다.

어떤 상황에서,

누구에게 자신의 어떤 부분을 보일지 생각하라.

어떤 협상에서도

필요 이상으로 자신을 드러내지 마라.

자신의 진가를 한 번에 모두

보여줄 필요는 전혀 없다.

그러면 상대방은 곧 당신에게 흥미를 잃을 것이다.

언제나 본색을 다 드러내지 말고,

기회가 있을 때 주위를 깜짝 놀라게 하라.

색다른 면이 있는

흥미로운 사람이라고 여겨지는 편이 좋다.

어려운 일부터
시작하라

즐거운 일부터 하고

어려운 일은 뒤로 미루는 습관을 고쳐보자.

중요한 일은 언제나 먼저 시작하고,

그 외의 일은 그다음에 처리하라.

먼저 싸우지 않으면 승리의 기쁨도 챙길 수 없다.

사소한 일로 꾸물거리다가는

중요한 기세를 잃고,

성공과 명성도 얻지 못한 채

능력이 쇠퇴하고 만다.

옳은 삶을 위해 가치관을 제대로 정립하라.

천천히
서두르라

Baltasar Gracián

머리를 써서 계획을 세웠다면,
다음은 열심히 실행할 차례다.

단, 서두르지 말아야 한다.
예상하고 대비해 두어야 할
당연한 문제점도 알아채지 못한다면 곤란하다.
집중하고, 필요하면 멈춰 서서 잘 생각하라.

물론 너무 오래 멈춰 있으면 안 된다.
우물쭈물하는 사이에
계획 전체가 멈춰버리기 때문이다.
천천히 서둘러보자.

다 알려주지는
마라

누군가를 가르칠 때,

전부 가르쳐주지 마라.

모든 것을 알려주고 나면

곧 존경이나 경외심을 잃을 것이다.

높은 지위에 있는 사람은

특히 이 점에 유의하여

타인의 기대에 어긋나지 않도록 해야 한다.

등불은 밝게 빛날수록
빨리 꺼진다

무엇이든 할 수 있다고 나서지 마라.

여기저기 불려 다니며

이용당하고 혹사당할 뿐이다.

누구에게도 도움이 안 되는 존재 역시 곤란하지만,

모두에게 도움이 되려고 노력하는 것도

잘못된 태도다.

한 분야에서 뛰어나도록 자신을 단련하고,

다른 분야에서의 재능 발휘는 삼가라.

등불은 밝게 빛날수록

불길이 빨리 꺼지는 법이다.

무지한
척하라

모든 것을 잘 아는 사람은
때로는 무지해 보이는 것이
진정한 지혜임을 안다.
세상 물정에 귀를 닫으라는 뜻이 아니라,
그냥 그렇게 보이면 된다는 말이다.

무식한 사람이 가득한 곳에서
당신의 지성은 별로 도움이 되지 않는다.
상대방의 입장에 서서,
상대가 아는 말을 하는 게 상책이다.

어리바리한 척하는 사람은

진짜 어리바리한 것이 아니다.

어리석은 척하고 있다고 해서

얼빠졌다고는 할 수 없다.

가끔 철면피가 될 필요가 있는 것이다.

실제보다
더 큰 존재로 보이라

자신이 단지 평범한 인간에 불과하며,
초인적인 존재도 아니라는
환상을 깨부수는 짓은
잘못된 행동이다.

신중함은 필요한 덕목이지만
경솔하게 자신을 과도하게 낮추는 것도
피해야 할 행동이다.
이는 당신의 평판을 떨어뜨릴 것이다.
한번 어리석다고 여겨지면
당신이 괜찮은 사람임을 증명하기는 불가능하다.

어려운 일일수록
쉬운 것처럼 하라

쉬운 일을 할 때는 쉽게 부주의해진다.
반면에 어려운 일을 할 때는
소심함에 용기가 꺾이고 만다.

커다란 책임이 걸린 일을
두려워해서는 안 된다.
언제까지고 회피할 수도 없을뿐더러,
이 정도 어려운 일을 외면한다면
이후로는 그런 일을 살짝 시도만 해도
행동력이 마비되기 때문이다.

Baltasar Gracián

011

기대감을
갖게 하라

언제나 상대방에게 기대감을 불러일으켜라.
그리고 언제나 그 기대 이상을 목표로 하라.

누구도 기대하지 않는 사람은 되지 않도록
유의하면서 절도를 유지하라.

맡은 것
이상을 하라

맡은 임무, 그 이상을 해내라.
어떤 지위에 있더라도,
그 지위가 높든 낮든
자신이 맡은 역할 이상을
해내고자 하는 열의가 필요하다.

포용력 있는 사람은 계속 성장하고
자신의 진가를 더 높이 끌어올린다.
반면 그릇이 작은 사람은
빨리 한계에 도달하고
그 후에는 업적과 명성이 위축되기 시작한다.

Baltasar Gracián

한 덩이의 구름이
거대한 태양을 가린다

완벽을 추구하는 자세는 바람직하지만
누구나 약점 때문에 고민한다.
또 간단하게 고칠 수 있는 결점을 놓고
과하게 고민하는 사람도 많다.

한 덩이의 구름이
거대한 태양 빛을 가리듯
재능 있는 사람이라도
단 하나의 비판으로 인해
심하게 상처 입을 수 있다.
명예는 순식간에 훼손당할 수 있지만,
사람들은 그 더럽혀진 명예를 쉽게 잊지 않는다.

그래서 약점을 장점으로 바꾸는 능력이
매우 중요하다.
율리우스 시저를 보라.
월계수 관을 쓰는 것만으로도
평범한 외모를 잘 커버하지 않았는가.

계산적인 행동이
나쁜가

언제까지 핑계를 대며
뒤로 물러서 있을 텐가.
적극적으로 흥정에 나서라.
지성도 필요하지만
협상 자리에서 속지 않으려면
처세의 재능도 필요하다.

비범한 것을 알아챌 만큼
안목이 있는 자라고 해도
오히려 평범함의 미덕을
제대로 알아보지 못할 수 있다.
고고한 자세만 취하다가는

현실을 살아가는 데
꼭 필요한 상식을 놓치고 만다.
이처럼 학식이 풍부한 사람도
흥정의 세계에서 제대로 협상하지 못하면
바보 취급을 당한다.

속지 않거나, 비웃음당하지 않을 정도의
흥정의 감각만은 반드시 익혀둘 것.
인생의 궁극적인 목표가 사업이 아니라고 해도
일상에서 자본의 이치에 밝아야 한다.
많은 지식을 갖추는 일만큼이나
그 지식을 기능적으로 활용하는 것이 핵심이다.

가능한 한 최고의
도구를 이용하라

Oráculo Manual y Arte de Prudencia

일을 마친 뒤에 도구를 탓하는 태도는 꼴사납다.
돌이킬 수 없는 상황에서 뒤늦게
도구를 트집 잡는 사람은
대개 일을 잘 못하는 사람이다.

목표를 이루기까지
가능한 한 최고의 도구를 사용하라.
그렇다고 해서 자신의 솜씨가 가리는 일은
결코 없을 것이다.
오히려 그 반대다.

부하나 조수를 뽑을 때도 마찬가지다.

이들이 한 일에 대한 비난이나 호평 또한
당신에게로 행한다.
최선의 결과를 원한다면
도울 사람은 신중히 뽑아라.

Baltasar Gracián

예상할 수 있는 문제는
문제가 아니다

Oráculo Manual y Arte de Prudencia

내일의 계획, 그 이후의 계획까지
지금 바로 세워두라.
혹시 모를 문제를 예상하고
그 대책을 마련해 두면
예상한 만큼 대처할 수 있다.
예상할 수 있는 문제는 더 이상 문제가 아니다.

일을 시작하기 전에
하룻밤은 곰곰이 생각하는 편이,
나중에 걱정되어 잠을 이루지 못하는 것보다 낫다.
먼저 행동하고 나중에 생각하는 사람은
결과를 내기는커녕 변명하기에 바쁘다.

옳은 길을 걷기 위해,

언제나 잘 예측하고 준비하는 태도가 중요하다.

숙고히라.

항상 앞을 내다보라.

이 둘이야말로 인생에 자유를 준다.

이긴 사람만이
더 나은 곳으로 향한다

경쟁에서 이겨 일인자가 되면
곧 더 강한 상대가 있음을 알게 된다.
먼저 움직일수록
비슷한 수준의 사람들과의 경쟁에서도
그만큼 유리해진다.

현재 위치에서 최고가 되어
다른 이들을 능가하자.
나머지는 모두 뒤처져 있을 뿐이다.
이긴 사람만이 더 나은 곳을 향할 수 있다.

일의 방향을
읽어라

어떤 일을 시작하기 전에
그 일이 어떻게 흘러갈지 생각해 보라.
새로운 일을 미리 가늠해서 확신할 수 있다면
더욱 자신감을 얻고 의욕이 일 것이다.

더 진전시키거나 아직 멈출 수 있을 때
관계자들에게 의견을 구하라.
법적 문제든, 사랑이든, 정치 관계든
어느 분야의 문제에서든
이런 자세는 언제나 도움이 되는 지혜다.

무의미하게 에너지를
낭비하는 사람

모든 사람은 일의 중심에 있고 싶어 한다.

그럼에도 불구하고

무의미하게 주변을 맴돌기만 하고

핵심에 제대로 다가가지 못하는 사람이 많다.

말만 앞서고, 핵심을 피해 가면

시간 낭비일 뿐이다.

중요한 것을 목표로 삼고, 주의를 집중하라.

운이 따르지 않는
때도 있다

무엇 하나 잘 풀리지 않을 때가 있다.
두 번 시도해도 안 되면
그날은 그저 그런 날이라고 생각하는 편이 좋다.

좋은 결과를 얻으려면
무슨 일이든 좋은 날에 시작해야 한다.
특히 문제없이 항상 일이 잘 풀리는 사람이 있고
열심히 노력했음에도 잘 안 되는 사람도 있는데
결국 운의 문제다.

자신의 행운의 별이 빛날 때
그 타이밍을 헛되이 낭비하지 말고 잘 활용하라.

Baltasar Gracián

상사의 체면을
세워줘라

어떤 승리에도 갈등은 따르지만
상사를 대놓고 이기는 것은
정말이지 어리석은 행동으로,
돌이킬 수 없는 일이 된다.

보물을 숨기듯이
자신의 강점도 숨기도록 하라.
꾸밈없는 언행이나 복장으로 가리고,
자연스럽게 행동하라.

현명한 사람은 상대가 누구든지
충고는 감사하게 받아들이고,

충고해 준 상대에게 얻을 수 있는
모든 것을 얻는다.

별에게 배워라.
별은 아무리 밝게 빛나도
결코 태양보다 더 눈에 띄려 하지 않는다.
자신의 자리를 아는 것이 중요하다.

남을 지적하는 것은
나에 대한 지적이다

타인의 결점을 지적하는 것은
사실 자기 자신에 대한 지적일 뿐이다.

자신의 결점을 숨기고자
남의 흠을 들추는 행동은
어처구니없는 짓이다.
뒤에서 남을 욕하는 사람은
입에서 심한 악취를 풍기고,
남의 소문을 옮기는 자는
자신의 발등을 스스로 찍는 자다.

남의 나쁜 행동을 기억하고 있음을 알리지 말라.

그러면 사람들은 당신을 멀리하고,
몰인정하게 여길 것이다.

일고 했든 모르고 했든
죄를 하나도 저지르지 않은 사람은 없다.
흠 있는 모든 자는
타인을 비난하지 않아야 할 것이다.

거리를 유지하면
결점을 숨길 수 있다

Oráculo Manual y Arte de Prudencia

매일 얼굴을 맞대는 사람일지라도
너무 편하게 대하지 말고,
상대도 나를 너무 스스럼없이 대하지 않도록 하라.
타인에게 맞추어 자신을 낮추면
더 이상 존경받을 일이 없다.

거리를 유지하면 단점을 숨길 수 있지만,
거리낌이 없는 관계에서는 모두 들키고 만다.
윗사람과 함께하는 자리는 위험하고,
아랫사람과 자주 교류하는 것도 바람직하지 않다.
어쨌든 적당한 거리를 지키는 편이 좋다.

만만하게 보이는 것만은 반드시 피하라.
내가 친절하게 대해도
상대는 그 고마움을 알지 못하고,
당연한 권리로 여기기 때문이다.
친밀한 관계는 때로 무상하다.

상대방의 욕구를
파악하라

Oráculo Manual y Arte de Prudencia

철학자들은 욕구를 경시하기도 하지만
정치가들은 욕구가 전부임을 알고 있다.
이 점에서 정치가들이 더 영리하다.
그들은 사람들의 욕구를 이용하여
자신의 목적을 달성할 방법을 제대로 안다.

간절하게 원하는 게 있을 때는
의욕이 생기지만
막상 손에 넣으면 금세 나태해진다.

상대의 욕구를 잘 이용하라.
상대방에게 원하는 것은

얻기 어렵다고 강조하여,

그 욕망이 더욱 커지도록 부채질하라.

그러면 상대방을 당신의 의도대로 끌어들여

쉽게 목적을 달성할 수 있을 것이다.

차가운 사람은
오래가지 못한다

Oráculo Manual y Arte de Prudencia

높은 지위에 오르거나 큰 권한을 가졌으면서도
여전히 도도한 자는 현명하지 못하다.
부하들은 그런 자의 명령을
마치 독화살을 피하듯이 외면할 것이다.

높은 지위에 있는 사람이
소임을 다하기 위해서는
잘난 체해서는 안 된다.
일단 그 지위에 오르면,
언제든 타인의 말 상대가 될 수 있도록
신경 써야 한다.
짓궂거나 차가운 태도는 적합하지 않다.

사람들의 지지를 받고 싶다면 무엇보다
언짢은 얼굴이나 자만심을 내보이지 않아야 한다.
교만한 자는 오래가지 못한다.

우연히 일어나는
일은 없다

Oráculo Manual y Arte de Prudencia

현명한 자는
우연히 일어나는 일이 없다는 것을 안다.

단지 운명에 기대어 살기보다는
자신의 운명을 개척하는 사람이 되자.
진정한 능력과 용기를 발휘하여
원하는 것을 얻어내자.
잘 생각해 보면 기회에 민감한 것 외에
성공으로 가는 길은 없음을 알 수 있다.

지혜를 갖추는 게 가장 큰 행운이며,
지혜가 없음이 가장 큰 불운이다.

모든 일은
한창때가 있다

무엇이든 최고의 상태에서 누려야 한다.

모든 일에는 한창때가 있고,

이 세상 모든 것에는 모자람과 넘침이 있다.

그 주기를 알고, 최정점일 때를 포착하여 잘 활용하자.

진정한 교양 있는 자는 때를 잘 이용하는 사람이다.

사람의 마음에도 부침이 있고,

산도 있으면 계곡도 있다.

자신의 최절정기를 알아차리고,

그 기회를 잘 활용하라.

모든 일에는 흥망이 있다.

Baltasar Gracián

너무
눈에 띄지 마라

일단 눈에 띄면

큰 장점조차도 결점으로 보인다.

괴짜라고 여겨지면 모든 장점이 의문시된다.

괴짜들은 대개 마음대로 행동하기 때문이다.

눈에 띄는 아름다움도

다른 사람의 빛을 너무 덮는다면

오히려 반감을 살 수 있다.

나쁜 짓으로 유명세를 타는 것도 좋지 않다.

악평을 받는 것은 불명예스러울 뿐이다.

또 자신의 견해가 옳더라도

지나치게 고집하지 마라.

당신의 고집에 질려버린 타인은

결국 당신을 좋지 않게 평가할 것이다.

재능이 인생을
풍요롭게 한다

사람은 다채로운 재능을 지닐수록 매력적이다.

많은 재능은 인생을 풍요롭게 한다.

더군다나 자신의 다양한 능력을

남에게 베풀면 모두가 행복해진다.

자신의 재능을 키우고 감각을 연마하라.

세상을 살면서 유용한 능력은

모두 활용하도록 하라.

명성은
실력에 달렸다

Baltasar Gracián

명성은 실력에 달려 있다.
진정으로 가치 있는 사람이 노력하면
일등을 차지할 날도 가까워진다.

훌륭한 태도만으로는 성공하기에 역부족이지만
과하게 적극적이고 억척스러운 태도도
보기 흉하다.
주변의 불쾌감을 살 수 있기 때문이다.

재능 발휘와
원하는 지위를 향해 나아가는 열정 사이의 균형을
현명하게 유지해야 한다.

당당히
물러나라

Oráculo Manual y Arte de Prudencia

떠날 때를 알고,
당당하게 물러서는 자세가
반드시 필요하다.

위엄 있게 들어선 사람일수록
떠날 때 비참할 가능성이 높다.

배우라면 흔히 등장할 때 박수를 받지만
만장일치의 박수갈채 속에서
퇴장할 수 있는 사람은
훌륭한 연기를 선보인 자들뿐이다.

가장 마지막에 남는 인상이야말로
목표로 삼아야 할 것이다.
만약 앙코르의 박수를 받을 수 있다면
그것이야말로 정말 멋진, 바라던 결말이다.

너무 쉽게
태도를 바꾸는 사람

너무 엉뚱하게 행동하지 마라.

특이한 버릇도, 거만한 태도도 안 된다.

진정으로 분별 있는 사람은

항상 태도가 변하지 않으며,

만에 하나 변한 태도를 보인다면

분명 이유가 있었을 것이다.

매일 태도가 바뀌는 사람은

의견에도 일관성이 없다.

어제는 검은색이라 했다가,

오늘은 흰색이라 한다.

어제는 반대했다가

오늘은 찬성하는 사람을 만나면

가까이하지 말 것.

그 사람의 운도, 바람처럼 빨리 변할 테니.

한 입으로 두말해서는 안 되는 것이다.

좋은 평판을
얻는 여정

좋은 평판을 얻기까지는

험난한 여정을 거쳐야 한다.

평범한 사람이 좋은 평판을 얻기는

쉽지 않기 때문이다.

뛰어난 성과 없이 사람들의 인정을 받을 수 없다.

평판은 명성의 전당이다.

그러므로 한 번 좋은 평판을 얻으면

거기에 머물기란 그리 어렵지 않다.

당신의 위엄은,

당신이 존경받는 지위에 있을 때만 존재한다.

하지만 깊이 뿌리내린 평판은

그 이후로도 계속 이어질 것이다.

결과를 내는 것에
초점을 맞추라

Baltasar Gracián

큰 성과를 내지 못하는 사람들은
부족한 성과를 크게 어필하려고 한다.
자신이 한 일이 멋져 보이도록
교묘하게 꾸며낸다.
칭찬받고 싶어서 감정으로 호소하며
사람들의 관심을 구걸한다.

하지만 실제로 성취해낸 사람은
이런 인위적인 태도를 취할 필요가 없다.
성과가 자신을 대신해서
이야기해 주기 때문에
안심할 수 있다.

자랑하거나 기록해 둘 필요도 없다.

그저 영웅인 척하는 게 아니라
진짜 영웅이 될 수 있도록 노력하라.

조련사는 이기는 동안 말을 은퇴시킨다

잊히기보다는

자신의 의지로 떠나라.

꽃이 피어 있는 동안 물러나야 한다.

태양조차 구름에 가려지면

해가 진 것인지 아닌지 알 수 없다.

떠날 때의 타이밍을 잘못 판단하는 행동은

구름에 가려진 태양을 보고

착각에 빠지는 것과 다름없다.

살아 있음에도 사람들에게

죽은 자로 인식되어선 안 된다.

Baltasar Gracián

조련사는 경주에서 이기고 있는 동안
말을 은퇴시키고,
미인은 미모가 사라지기 전에
사람들 앞에서 사라진다.

최고의 것은
순식간에 손때가 묻는다

Baltasar Gracián

당신의 능력이 새롭다면
크게 인정받을 수 있다.
신선할 재능일수록
오래되고 진부한 것보다 환영받는다.

새로운 사람은 무기력한 베테랑보다
더 높게 평가받는다.
그러나 최고의 것은
순식간에 손때가 묻고
빛이 바래 버리기에
그 영광은 덧없다.

신인의 덕목 또한 반드시 쇠퇴할 것이므로
초기에 받은 찬사를
잘 활용하고 최대한 놓치지 말아야 한다.

신인의 열정은 일시적이다.
열정은 언젠가는 식고,
젊은 시절에 분발했던 일들도
나이가 들면 지루해질 것이라는 사실을
잊지 말라.

익숙한 곳을
떠나라

Baltasar Gracián

태어나 자란 땅에는

가난했던 가정사나

부족했던 자신의 과거가 있다.

높은 지위에 오르면 고향 사람들은

질투심 많은 새엄마처럼

당신의 재능을 시기하기 시작한다.

그렇기에 더 큰 활약을 위해선

머무는 장소를 옮기는 게 좋다.

마치 외국에서 온 식물이

다른 땅에서 더 많은 꽃을 피우는 듯이 말이다.

사람들은 다른 곳에서 온 것을 소중히 여긴다.
수입 유리제품도 조심스럽게 닦으며
다이아몬드처럼 다룬다.
어릴 적에는 동네 친구들 사이에서 무시당했지만,
오늘날은 전 세계에 이름을 날리는 사람들이 많다.

촌뜨기에 지나지 않았던 자신을 아는 사람들에게
신성한 올리브 나무를 향한 것과 같은 존경을
기대해서는 안 된다.

가진 자원을
한 번에 소진하지 마라

가진 자원을 한 번에 써버리지 말 것.

현재의 상황을 유지하고 싶다면
반드시 나중을 위해 일부는 저축해 두자.
실패할 위험이 있더라도
활용할 수 있는 지원군이 있다면
당신의 힘은 훨씬 더 커질 것이다.

후방부대는 전선보다 중요하다.
그들은 신뢰와 불굴의 정신으로
똘똘 뭉쳐 있기 때문이다.
이처럼 항상 무엇이 가장 중요한지를 생각하자.

평판은
노력의 결과

재산은 사라져 없어지지만
평판은 한 번 손에 넣으면 영원하다.

부는 살아 있는 동안에만 지속되지만
명예는 죽은 뒤에도 남는다.
그러나 명예를 얻는 일은 중요하지만
관심 없는 사람에게는 상관없는 일이다.

무엇보다 평판은 노력의 결과다.
즉, 사람은 행동에 따라 평판을 얻는 것이다.
평판이 자자한 자는
칭찬받는 천재이든,

극악무도한 사람이든

어쨌든 월등하게 탁월한 사람뿐이다.

상식이
요령보다 중요하다

상식이 요령보다 훨씬 중요하다.
이는 사업을 하는 사람은 물론
공직자에게도 해당된다.

상식을 따르면 칭찬받지는 못해도
결국 현명한 사람들에게 인정받을 것이다.
그들의 의견은 성공을 위한 진정한 조언이 된다.

진짜 하고 싶은 일을
이루기 위해서는

용기는 마음에 꼭 필요한 요소다.

체력이 육체에 꼭 필요한 것과 같다.

용기는 마음을 지켜주고,

영혼이 상처받지 않도록 보호해 준다.

아무리 똑똑해도 용기가 없다면

진정으로 하고 싶은 일을 이루지 못한 채

평생을 마감하게 될 것이다.

미뤄서는 안 된다.

예상한 결과치만 얻을 뿐이다.

그 대신 어떤 어려움에도 맞설 용기를 가지고

단호한 태도를 지키자.

꺾이지 말아야 한다.

내면의 용기는 용맹스러운 외양보다

실질적으로 유용하다.

모든 것을 속속들이
알 필요는 없다

훌륭한 사람은 행동부터 다르다.

하찮은 일에 과하게 집착하지 말아야 한다.

모든 것을 속속들이 알 필요는 없다.

매사에 태연한 태도로 임하라.

중요도가 낮은 일은 내버려 두면 된다.

어차피 대부분의 일은 동료도 알지 못하고

더군다나 적들은 더욱

눈치 채지 못한 채 지나간다.

그렇기에 현명한 사람은

거의 모든 일을 보고도 못 본 척한다.

Baltasar Gracián

잡다한 것에 신경 쓰지 말 것.
자신의 기분만 상한다.

같은 문제를 몇 번이고 되짚어 보는 것은
어리석은 짓이다.
행동에는 그 사람의 감정과 지성이 드러난다.
먼저 전체 상황부터 이해하라.

Oráculo Manual y Arte de Prudencia

3장

"피할 수 있는 것은 피하라"

더 나은 인생을 위한 지혜

계획한 것을 완벽하게 이루는 때는 지금이 아닐 수도 있다. 운은 언제나 움직이는 것이고, 행운이 올 때는 기회를 잡되 불운의 시기는 피하는 편이 낫다. 무엇을 선택해야 할지 고민될 때는 언제나 확실한 쪽을 택하라. 잘 알지도 못하는 일에 위험을 무릅쓴다면 그 끝에서 불운이 기다리고 있을 수 있다.

평탄한 날에
어려울 때를 대비하라

일이 순조롭게 진행될 때일수록
어려운 상황에 대비해야 한다.

여름 동안에 겨울에 대비하여
양식을 비축해 두는 것이 좋다.
경기가 좋을 때는
얼마든지 도움을 받을 수 있지만,
그러한 호의는
진짜 불황이 닥칠 때를 대비하여 간직해 두자.

항상 누군가에게
빚진 마음을 품도록 하는 편이 좋다.

남을 부러워할 시간에
자신에게 집중하라

많은 이가 자신의 행복에 만족하지 못하고,
타인을 부러워하며 시기한다.
그래서 오늘보다 어제의 일을 칭찬하고,
이곳 사람들은 저곳 사람들을 부러워한다.
지나간 많은 것이 더 좋아 보이고,
멀리 떨어진 곳이
눈앞보다 더 높게 평가되는 것이다.

매사에 남을 부러워하는 자는
항상 시선을 남에게 두고 있다.
그런 시간에 차라리 자신을 직시하라.
그편이 훨씬 더 인생에 이로울 것이다.

특별한 것이 아닌
확실한 것을 택하라

무엇을 선택해야 할지 고민될 때는
언제나 확실한 쪽을 택하라.

특별한 것에 이끌려
잘 알지도 못하는 일에 위험을 무릅쓴다면
그 끝에서 파멸을 맞이해야 할 수도 있다.

그러니 항상 확실한 것을 선택하라.
이미 잘 알고 있는 것은 잘못될 수 없다.

사람들이 원하는
모습을 보여라

존경과 명성을 드높이는 방법 중 하나는
때로 모습을 감추는 것이다.

항상 눈앞에 있으면 그 빛이 희미해지지만,
빈자리는 빛을 발한다.
최고의 천부적 재능조차도
반복적으로 자세히 살피다 보면
매력을 잃는다.
초연하게 사람들이
내게 원하는 상태를 유지하며
명성을 지켜야 한다.
보이지 않으면 그리움은 더욱 쌓이는 법이다.

현명한 자에게는
적이 아군보다 낫다

칼날을 잡으면 다치지만,
칼집을 잡으면 안전하다.

적을 잘 다룰 줄 알아야 한다.
현명한 자에게는 적이 오히려
어리석은 자를 위한 아군보다
훨씬 나은 역할을 한다.
적을 염두에 두고 행동한다면
책잡힐 만한 일을 삼가고,
모함을 미연에 방지할 수 있다.

그렇기에 때로는 적의가 호의보다 더 충실하다.

Baltasar Gracián

인내는 열정보다
많은 일을 한다

좋은 포도주를 빚으려면

그만큼의 시간과 정성이 필요하다.

그렇듯 훌륭한 통찰과 감성 역시

저절로 만들어지는 것이 아니다.

인고의 시간을 통해

포도주처럼 멋지게 익어가는 것이다.

"한 줌의 인내가

한 말의 두뇌보다 가치 있다"라는

네덜란드 속담처럼

인내와 시간은 힘과 열정보다

더욱 많은 일을 한다.

무슨 일이든 좋은 결과를 내려면
반드시 시간과 정성이 필요한 것이다.

피할 수 있는 것은
피하라

Oráculo Manual y Arte de Prudencia

자신의 운명을 알아야 한다.

행운을 최대한 활용하고

불운은 끊어내자.

운을 알아내는 일은

날씨를 예측하는 것보다 중요하다.

운은 대처할 수 있지만,

날씨는 어쩔 도리가 없기 때문이다.

항상 조심하면 운의 형세를 스스로 바꿀 수 있다.

때로는 인내도 필요하다.

행운은 변덕스럽고,

꼬불꼬불한 길을 가로지르기도 해서
좇기 어려울 수 있다.

용감하고, 행동하는 사람은
행운을 끌어당기지만
나태하게 살아가는 사람은
행운이 피해 간다.
운이 안 좋아졌다고 느껴지면
갈 길을 바꿔 더 나쁜 상황을 피하자.

Baltasar Gracián

언제나 누군가
보고 있다고 생각하라

언제나 누군가는 나를 지켜보거나
내 말에 귀 기울이고 있을 수 있다.
혼자 있을 때에도
세상 사람들이 나를 보고 있고,
모든 것이 밝혀질 수 있다고 생각하며
행동해야 한다.

벽에도 귀가 있고,
악행은 그 꼬리가 길어
결국 사람들에게 알려지게 마련이다.

나아가야 할 때와
멈춰야 할 때

지금 일이 잘되고 있다면
슬슬 물러서야 할 때일지도 모른다.

멈춰야 할 때를 아는 것은
나아가야 할 때를 아는 것과 마찬가지로 중요하다.

행운이 변함없이 지속될 때는
의심을 품어야 한다.
운이란 지속적이기보다
끊임없이 변화하는 게 당연하다.
가끔은 좌절이 있어야 승리가 더욱 달콤한 법이다.

Baltasar Gracián

행운은 영원히 머물지 않는다.

점점 더 많은 것을 바란다면

운도 더는 머무르려 하지 않을 것이다.

그러므로 운이 있을 때 놓치지 말고 활용하라.

빌려준 것은
돌려받지 마라

친구에게 빌려준 것이 있다면
하찮은 일로 돌려받지 마라.
이 도움의 연줄은
긴급한 순간을 위해서 남겨두어라.
모처럼 얻은 보물을
시궁창에 빠뜨리지 말라는 뜻이다.
운명의 폭풍에 휩쓸렸을 때
그 도움을 받게 될 것이다.

사소한 일로
가치 있는 행동의 값을 치러 받으면
나중에는 아무것도 남지 않는다.

언젠가 의지할 수 있는 사람이 있다는 사실은
매우 중요하다.
중요한 국면에서 받는 보답은
인생을 좌우한다.
힘 있는 자가 아군이 되어준다면
어떤 행운보다 훨씬 든든한 일이다.

감정적이 되는 것을
경계하라

조심성을 가져라.

어떤 상황에서도 격정에 휩싸여서는 안 된다.

진정으로 위대한 사람은

감정이 강하게 흔들릴 때도

균형을 유지한다.

격렬한 감정은 머리와 마음을 괴롭히고,

약하게 만든다.

기분대로 말을 내뱉으면,

평판은 땅에 떨어지고

상황은 돌이킬 수 없게 된다.

반대로 자제하는 마음은
사람을 강하게 만든다.

어떤 일이 있더라도,
최악의 재앙이나 끔찍한 상황이 펼쳐져도
평정심을 잃지 말아야 한다.

Oráculo Manual y Arte de Prudencia

자존심 때문에
끝까지 가지 마라

한 번 길에 들어서면

그 길을 계속 가야 한다고 생각하는 사람이 있다.

그 길이 잘못된 길이어도

자신의 잘못을 인정할 수 없어

옳다고 가장하는 것이다.

그러나 이는 어리석은 행동이다.

잘못된 판단을 했다고 해서

그것을 계속할 필요는 없다.

어리석은 행동은 언제든 멈춰도 된다.

오히려 포기가 빠를수록 좋다.

쓸데없는 소문에
휘말리지 마라

Oráculo Manual y Arte de Prudencia

대중은 한 사람 한 사람으로 이루어져 있다.

제각기 눈이 있어 나쁜 일을 알아차리고,

제각기 입이 있어 각자의 방식으로 본 것을 전한다.

이때 누군가 당신을 중상 모략한다면

신뢰에 큰 상처를 입는다.

하찮은 결점이라도

누군가 질투나 불신에 휩싸여 소문을 퍼뜨리면

눈 깜짝할 사이에 소문은

걷잡을 수 없이 불어날 것이다.

악의 때문에 명성이 엉망이 될 수도 있다.

그러한 일은 가능한 한 피하도록 노력하라.

추문에 휩싸이지 않는 쪽이

이미 일어난 재난에서 벗어나는 것보다 훨씬 쉽다.

한심하게 여기는
마음을 티 내지 마라

Oráculo Manual y Arte de Prudencia

똑똑한 사람은 고지식하기 쉽다.

그래서 지혜가 쌓일수록,

무지한 사람을 견딜 수 없게 된다.

그러나 관대함은 중요한 미덕이다.

어떤 어리석은 행동이라도

참을 수 있도록 노력해야 한다.

참으면 결국 평화와 기쁨이 찾아온다.

주변 사람의 결점을 참지 못하는 사람은

대개 자기 자신도 견디지 못한다.

단점은
가능한 숨기라

Baltasar Gracián

누구든 한 번쯤은
인생이라는 무대에서 재능을 발휘하고,
주목받는 때가 있다.
그 기회가 오면 놓치지 말아야 한다.
매일 성공하기는 어렵기 때문이다.

작은 반짝임이라도 제때를 만나면
눈부시게 빛난다.
그러나 제대로 재능을 선보이기 위해서는
나름의 무대 장치와 뒷배경이 중요하다.
어떻게 훌륭하게 선보일 수 있을지는
환경에 달려 있다.

타이밍도 중요하다.

계절이 맞지 않는 날에는

야외극을 열어도 원활하게 진행되기 어렵다.

싸구려나 허영을 피하자.

쇼가 천박해진다.

또 안 보여도 될 면모는 잘 숨기는 것이

최고의 연출이다.

호기심을 자극하는 것이다.

몰래 살피는 자는 그대로 둬도 되지만

절대 한 번에 전부 보여주면 안 된다.

그렇게 해서 큰 성과를 하나 달성하면

계속 비슷한 성과가 이어져야 한다.

첫 박수갈채는 다음에 대한 기대이기도 하다.

재물을 자랑하는 것은
적을 만드는 일이다

Baltasar Gracián

과하게 물질적 풍요 속에 있다 보면
자연스레 적이 생긴다.
화려한 재물은
타인이 아닌 자신만이 소유할 때
더 큰 기쁨을 준다.
다만 이러한 재물이 주는 기쁨은
처음에 가졌을 때뿐이며
오래 지속되지 않는다.

재물은 그저 재물일 뿐이다.
남들이 그 재물을 보고 감탄해 주지 않는다면
금세 잊히고 말 것이다.

호사스러운 물건을 드러내고 허영심을 품을수록

진실했던 친구 사이에도

점차 보이지 않는 악의를 품는 일이

늘어나기 마련이다.

완전한 행복도,
완전한 불행도 없다

Baltasar Gracián

천국에서는 모든 게 기쁨이고,

지옥에서는 모든 게 고통이다.

반면 천국과 지옥의 중간에 위치한 이 세상에서는

기쁨과 고통이 공존한다.

운명은 항상 변화하고, 세상은 무(無)와 같다.

그래서 누구도 완전히 행복할 수 없고

완전히 불행할 수도 없다.

그러므로 평정심을 유지해야 한다.

순간의 기쁨과 고통이

인생의 전부는 아니다.

젊을 때
편안함만 찾는다면

Oráculo Manual y Arte de Prudencia

젊을 때 편안함만 찾는다면
인생 후반에는 비참해진다.
젊은 시절 손쉽게 올랐던 언덕도
나이가 든 뒤에는 높은 산처럼
넘기 어렵게 느껴지기 때문이다.

고생은 경험을 쌓는 것과 같다.
고생을 거듭하는 과정에서
새로운 지식을 얻고, 기술을 익히며,
자신의 가능성을 점차 넓혀갈 수 있다.

즉, 고생은 행복을 위한 준비와 같다.

지금 이 순간의 고생이

노후의 고생을 미뤄준다는 사실을 잊지 마라.

극단을
경계하라

좋은 일이든 나쁜 일이든
극단적인 것은 좋지 않다.
어느 정도를 넘어서면 악이 되는 법이다.

지나침은 도리를 벗어난다.
너무 기뻐한 나머지
에너지를 다 써버리지 않도록 조심해야 한다.
양동이에 피가 섞일 때까지
소젖을 짜서는 안 되는 것이다.

모두가 기회를
알아채는 건 아니다

Baltasar Gracián

단순히 기억하는 것에 비해
생각하고 이해하는 것은
훨씬 어려운 행동이다.

기회가 찾아와도 놓치는 이유는
그것이 기회라는 걸 알지 못하기 때문이다.
기회를 알아보고 이해하는 능력은
삶에서 꼭 필요한 능력 중 하나다.
이 능력이 부족하면
몇 번이고 기회를 놓칠 수밖에 없다.

기회는 두 번 찾아오지 않는다.

빛나는 것도
시간이 지나면 바랜다

아무리 빛나는 것도
시간이 지나면
결국 그 광채를 잃는다.
익숙해지면 감각이 둔해지고,
찬사를 들을 기회도 줄어든다.

정신력, 지성, 운 등 모든 면에서
때때로 자신을 새롭게 재점검하라.
다른 분야에서 활동해 보는 것도 좋다.
이전 분야가 그리울 수도 있겠지만,
새로운 분야에서 다시 각광받을 수도 있다.
자, 이제 새로운 것에 도전하자.

첫 계획을
지키라

Baltasar Gracián

현명한 사람은
무엇이든 첫 단계부터 제대로 처리한다.

쉽게 좌절하거나
일을 엉망으로 처리하는 자는
계획대로 진행할 수 없다.
이런 사람에게 책임을 지우는 방법은 단 하나,
스스로 일을 올바른 상태로 되돌리게 하는 것뿐이다.
무엇을 어떻게 해야 할지 즉시 이해하고
기꺼이 처리하도록 지시하는 편이 훨씬 현명하다.

시작이 제대로라면 반은 성공한 것이나 다름없다.

023

지혜가
힘을 이긴다

힘으로 목적을 달성할 수 없다면
머리를 써라.
양보해야 할 때를 알면,
반은 이긴 것과 같다.
용기의 길을 포기해도
지혜의 길은 남아 있다.

힘보다 지혜를 사용하면
더 많은 것을 얻을 수 있다.
용감한 사람보다 현명한 사람이
더 잘 풀리는 경우가 많다.

끝내 목적을 달성하지 못할 때는
처음부터 원하지 않았던 척하면 된다.
잘 지는 것도 지혜의 일부다.

상황에 따라
판단하라

할 수 있는 상황일 때 실행하라.
시간과 기회는 당신을 기다려주지 않는다.

또 너무 엄격한 규칙을 세우지는 말라.
당신이 만든 규칙이
당신을 옭아맬 수 있다.

세상에는 심사가 뒤틀린 사람이 많다.
그들은 어떠한 상황에서든
남들이 그 자신의 생각을 따르기를 원한다.
이런 순간에 현명한 자는
상황에 따라 유연하게 대처하며

지혜의 별을 따라 행동의 방향을 바꾼다.

생각과 행위는 상황에 따라
그 방향을 지혜롭게 바꿔야 한다.

Baltasar Gracián

시작보다
끝맺음이 중요하다

아름다운 시작을 꿈꾸기보다
끝맺음을 아름답게 하라.
새벽의 여명처럼 눈부신 탄생도
무덤으로 향해야 할 때는
무거운 슬픔이 드리운다.

날이 밝아올 때
새들의 노래는 명랑하게 들리지만,
해가 저물 때 그들의 노래는
야유로 들리기도 한다.

그러므로 비록 시작이 초라했을지언정,

끝을 맺을 때는
존경받을 수 있어야 한다.

아무것도 하지 않는 게 나은 순간

상황이 심각하다면
점차 진정되도록 그냥 내버려 두라.
때때로 치료 행위가
오히려 질병을 악화시키기도 한다.

영리한 의사는 치료하지 않고
내버려 두어야 할 때를 안다.
능력 있는 의사일수록
이러한 판단을 냉정하게 내린다.

자연스럽게 진정될 때까지 기다려보자.
즉, 신에게 맡기는 것이다.

진흙으로 탁해진 연못도
조용히 두면 맑아진다.
혼돈이 지속되는 경우에는
자연스럽게 원래대로 돌아올 때까지
그냥 내버려 두는 것이
최선의 방법일 수 있다.

스스로
과대평가하지 마라

Oráculo Manual y Arte de Prudencia

자신을 객관적으로 바라볼 수 있어야 한다.
누구나 스스로를 과대평가하는데,
특히 소인배들이 그렇다.

사람은 모두 큰 꿈을 꾸며
자신이 뛰어나다고 생각한다.
희망은 웅장한 기대를 안겨주지만
반드시 뜻대로 이루어지지는 않는다.
그러다 보면 의욕이 꺾인다.
그래서 큰 기대를 품지 않는 편이 좋다.
기대대로 이루어지지 않아도
너그럽게 받아들일 수 있기 때문이다.

반면 목표는 조금 높게,
성취 가능한 수준으로 설정하라.
너무 높게 설정하면
처음부터 목표와 완전히 멀어진다.

경험이 부족할 때는
예상치와 현실을 쉽게 착각하기 때문에
자신의 능력을 정확하게 가늠하는 것이
매우 중요하다.

현실적인 자화상을 그려라.
자신을 아는 것이
어리석은 행동을 막는
가장 큰 예방책이다.

Baltasar Gracián

좋은 동료를 원한다면
먼저 좋은 동료가 돼라

Oráculo Manual y Arte de Prudencia

친절하고 마음이 넓은 사람은
많은 사람으로부터 선의를 이끌어 낸다.
특히 지위가 높은 사람은
이를 기억해야 한다.
대세를 움직이는 힘이 있다면,
그만큼 많은 선을 일으킬 힘도 있다.

좋은 동료를 원한다면
자신부터 괜찮은 동료가 돼야 한다.
인색하고 냉정하여
친절이나 배려를 베풀지 않는 사람은
고결함이나 정의감과는 완전히 멀리 있다.

많은 장점을 깎아내리는
하나의 단점

현명한 사람이 되기 위한 필수 조건을
모두 갖추고 있음에도
하나의 치명적인 결점 때문에
정점에 오르지 못하는 사람이 많다.
목숨 걸고 결점을 고치려는 의지가 있다면
더 큰 인물이 될 수 있을 것이다.

열정이 부족한 사람, 친절하지 않은 사람은
즉각 알아볼 수 있다.
높은 지위에 있을수록 특히 그렇다.
이러한 결점은 조심만 하면 개선할 수 있다.

Baltasar Gracián

타고난 기질조차도
관심을 기울인다면 바꿀 수 있다.
애써서 되지 않는 일이란 없다.

배부름보다
배고픔을 선택하라

Baltasar Gracián

감미로운 것일수록

마지막 한 방울까지 맛보기보다

아직 남아 있을 때 남겨두라.

마찬가지로 갈망과 욕구도

완전히 충족해선 안 된다.

갈망하는 만큼

그 맛을 깊게 음미할 수 있기 때문이다.

좋은 것은 조금 맛보면

기쁨이 두 배로 늘어난다.

반면 포식하면 기쁨의 질은 떨어진다.

배부름보다 배고픔을 조금 참는 쪽을 선택하라.

괴로워하며 행복을 추구하는 만큼

손에 넣었을 때

한층 더 즐길 수 있다.

무엇을 모르는지조차
모르는 사람

Baltasar Gracián

세상은 어리석은 사람들로 넘쳐난다.

아무리 현명한 자라고 할지라도,

성자와 비교하면 여전히 부족하다.

우둔함의 정점은

자신의 어리석음을 깨닫지 못한 채

남을 어리석은 자로 부르는 것이다.

진정한 현자는

단지 현명해 보이는 것뿐만 아니라

자신의 무지를 깨닫는 자다.

실수를
범하기는 쉽다

내기에 큰돈을 걸면
돌이킬 수 없는 손실을 입을 수 있다.
실수를 범하기는 매우 쉽다.
아직 시작한 지 얼마 안 되었다면 더욱 그렇다.

때를 기다리고,
첫걸음은 조심스럽게 하며,
다음 기회를 노려라.
모든 일은 운이 좌우한다.
도박은 결국 반드시 잃게 되어 있다.

평범한 자신에
만족하지 마라

스스로에게 불만을 품는 것도 씁쓸한 일이지만,

자신만이 옳다고 믿는 태도는 더욱 어리석다.

만약 스스로에게 만족한다면

무지한 자라는 증거다.

가난하고 평범한 자신에게 만족해서는 안 된다.

언제까지고 타인의 능력에 의지하여 살아갈 수 없다.

현재의 자리에서

약간의 불편함을 느끼는 것이 좋다.

혹시 모를 상황까지 예측할 수 있다면

문제가 생겼을 때

잘 대처할 수 있을 뿐만 아니라
적어도 약점을 공략당하지는 않을 것이다.

지나치게 신중하지
않도록 하라

Baltasar Gracián

마음에는 위험의 크기를 구별하는 능력이 있다.

그러므로 안심하고 자신의 충동을

행동으로 옮기는 편이 좋을 것이다.

너무 오랫동안 기다리다가

나중에 다른 생각이 들면

상황만 복잡해질 뿐 대부분 잘되지 않는다.

때를 놓치지 않고 행동하는 사람이

크게 성공하는 법이다.

신중하면서도 빠른 행동을 취할 수 있도록 하라.

생각을
강요하지 마라

살다 보면 자주 선택을 강요받는다.

최선의 선택을 위해서는

지식이나 지성만으로는 부족하다.

올바른 판단력이 꼭 필요하다.

그저 다양한 선택지 중 하나를 고르는 능력과

더 나은 선택을 하는 능력은 별개다.

경험이 풍부하고 예리한 판단력을 갖춘 사람이라도

쉬이 실수를 저지른다.

지성을 단련함과 동시에

올바른 판단력을 기르기 위해 노력해야 한다.

또 어떠한 평가나 판단을 내리더라도

그 의견을 주변에 강요하지 마라.

단번에 확답하지
않는 습관

신중한 태도란,

문제가 없는지 확인하고 결정한 사항도

다시 검토하는 능력을 말한다.

조금이라도 자신의 판단이 불만족스러우면

재검토해야 한다.

처음의 판단부터 되짚어 보는 것이다.

재검토하는 동안,

판단의 타당성을 결정하는

새로운 실마리가 나올 수도 있다.

무언가를 부탁받았을 때도

신중히 생각한 후 판단해야
결과적으로 부탁한 사람도
훨씬 고마워할 것이다.

요청을 거절해야 할 때도
상처를 덜 주기 위해
판단을 조금 미루는 것이 좋다.
또 긴급하게 결정해야 하는 상황에 직면하더라도
충분히 시간을 들여 결론을 내리자.
모든 면에서 철저히 고려하면
문제점이나 미흡한 점을
사전에 방지할 수 있다.

누군가는 즐기고,
누군가는 절망한다

Baltasar Gracián

세상은 보기에 따라

그 모습을 달리한다.

같은 상황에 처해도

누군가는 절망에 빠진다.

그러나 또 다른 누군가는

오히려 그 상황을 즐기며 기뻐한다.

인생의
목적

인생의 목적은
자신이 걸어가야 할 길을 찾고,
가능한 한 완벽한 사람이 되려고
노력하는 데 있다.

4장

"아무리 긴 밤이어도
반드시 해는 뜬다"

내면을 단단하게 만드는 지혜

자신의 성향, 능력, 판단력, 감정을 정확히 판단하자. 자신을 아는 것이 자기계발의 첫걸음이다. 외모는 거울로 확인할 수 있지만, 마음은 비출 데가 없다. 자신의 부족함을 채우기 위해서는 내면을 단단하게 만드는 데 소홀하면 안 된다. 매일 내면을 들여다보며 마음의 자산을 점검해야 한다.

누군가는 당신이
이성 잃기를 기다린다

흥분한 나머지
논리적으로 생각할 수 없게 되어
위험한 상황에 빠지는 경우가 있다.
그저 순간 발끈한 것만으로,
후회의 나날을 보내게 될 수도 있다.
감정적으로 행동하여 저지른 실수를 바로잡는 데
평생이 걸릴 수도 있다.

이럴 때 상대방이 당신의 약점을 간파하고,
이성을 잃게 하려고 유도할 수 있다.
이러한 상황에서 자신을 지키기 위해서는
자기 억제가 필수적이다.

가볍게 내뱉은 말도,

받아들이는 쪽은 무겁게 받아들일 수 있음을

잊어선 안 된다.

목숨까지 걸면서
남을 돕지 마라

불운에 빠진 사람이 도움을 구한다면
나까지 불운에 빠뜨리려
근심을 풀어놓고자 한다고 여겨야 한다.

어려울 때 자신의 짐을
타인에게 짊어지게 하려는 사람은
상황이 좋아지면 거들떠도 안 볼 사람이다.

물에 빠진 사람을 도울 때는 냉정해야 한다.
그러면 자신의 목숨을 위험에 빠뜨리지 않고
구할 수 있을 것이다.

Baltasar Gracián

위로받지 못할
근심은 없다

위로받을 수 없는 근심은 없다.
한 예로 어리석은 자들에게는
그들이 행복하다는 착각이 위안이다.
겉모습이 멋지지 않아도
오래 살 수 있으면 행복하고,
못생긴 그릇은 좀처럼 사용되지 않기에
도리어 깨질 일이 없다.

모든 일에서 위안을 얻을 수 있어야 한다.
최악의 상황에서도
반드시 행복할 수 있는 길은 있다.

자기를 아는 것이
자기계발의 첫걸음

Baltasar Gracián

자신의 성향, 능력, 판단력, 감정을
정확히 평가하자.
자신을 아는 것이 자기계발의 첫걸음이다.

외모는 거울로 확인할 수 있지만,
마음은 비추어지지 않는다.
그러므로 신중하게 고찰하고,
마음을 세심히 살피라.
자신의 결점을 개선하기 위해서는
내면을 항상 들여다봐야 한다.
매일 컨디션과 성취 정도를 스스로 확인하면서
자신과 마음의 자산을 점검하자.

과거에서
벗어날 것

늘 지나간 과거를 돌아보며

무언가의 나쁜 점을 찾는 사람들이 있다.

이들은 매사를 부정적으로 보는 성격이다.

이처럼 편협한 자들은

자신이 하고 있는 일

혹은 하려고 했던 일이라도 여지없이 비관한다.

이들은 사냥꾼처럼

집요하게 상대를 궁지로 몰고 간다.

그렇기 때문에 넓은 마음으로 세상을 보고

비관하지 않도록 의식해야 한다.

어떤 일이든 긍정적인 면을 먼저 보는 것이다.

예를 들어, 기대한 결과를 얻지 못했더라도

의도는 좋았다고 생각하는 것과 같다.

용기없는 지식은
힘이 없다

지식은 모든 것을 가능하게 한다.
지식이 없다면 이 세상은 온통 어둠이다.

다만 용기를 동반하지 않은 지식은 무력하다.
반대로 용기만 있다면
지식은 당신의 힘이 되어줄 것이다.

운명은 예기치 못한 순간
당신을 시험한다

Baltasar Gracián

늘 그렇듯
운명은 우리를 데리고 장난친다
의식하지 못한 사이에
막다른 골목으로 밀어 넣는다.
그러므로 언제나 지혜와 용기,
성실함으로 대비해야 한다.

가장 집중해야 할 순간에
오히려 주의력은 흩어진다.
적의를 품은 운명은 우리가 부주의할 때,
엄격한 시험대에 오르게 한다.

그러므로 단 하루도 태만하지 마라.

운명은 전혀 예기치 못한 순간에

당신을 시험하려 도사리고 있다.

미루기만 하다가는
아무것도 이룰 수 없다

과신하지 말고,

간단한 작업에도

충분한 주의를 기울여야 한다.

어려운 작업을 하고 있다면

실패를 두려워하지 말아야 한다.

미루기만 하다가는 아무것도 이룰 수 없다.

하지만 자신감을 가지고 노력하면

불가능하다고 생각했던 일도 성취할 수 있다.

이것저것 생각만 하면서

시간을 허비하지 말아야 한다.

일어날 수 있는 문제에 대해

과도하게 걱정한 나머지

결국 시작조차 하지 못할 수 있다.

계획만으론
실행한 것이 아니다

세심한 주의를 기울여 계획을 세웠다 해도,
계획만으로는 실행한 것이 아니다.

실행하지 않는 사람은
아무것도 이룰 수 없고,
명성을 얻지도 못한다.
어떤 노력을 하더라도
무조건 마지막 단계까지 마무리해야
제대로 된 결실을 거둘 수 있다.

도중의 성공에 만족하고
거기에 안주하는 사람은

능력은 있지만, 추진력이 부족해

신뢰받지 못한다.

목표가 가치 있는 것이라면

끝까지 이루고 반드시 달성해야 한다.

목표를 세운 것만으로 만족해서는 안 된다.

의존하는 것은
빛을 지는 일이다

혼자서 모든 것을 책임지려 한다면
악착같이 일하지 않으면 안 된다.

사람마다 숙명이 있고,
다른 사람에게 좋은 일을 하는 사람이 있는가 하면
반대로 그것을 받아먹기만 하는 사람도 있다.
후자 쪽이 편하다고 생각할지도 모르지만
그래서는 안 된다.
상대에게 빚을 지기 때문이다.

무엇에도, 누구에게도 구속되지 마라.
많은 사람이 당신에게 의지하려 하겠지만,

당신 자신은 누구에게도 의존하지 않아야 한다.

단, 의무와 호의를 혼동해서는 안 된다.

힘이 있으면

좀 더 남에게 도움이 될 지도 모르겠지만

그 도움도 어디까지나 의무는 아니다.

상대는 당신에게 의무를 강요하겠지만 말이다.

나를 잘 아는 이가
가장 큰 적이 된다

대립이 극한에 이르면 명성도 그 빛을 바랜다.

모두가 적으로 보이고,

아군일 가능성이 있는 사람은

몇 남지 않은 것처럼 느껴진다.

잘해주는 사람도 거의 없고,

모두가 해를 입힐 것처럼 보인다.

옛 친구가 가장 큰 적이 될 때가 있다.

사실은 자신의 잘못임에도 불구하고

서로 상대방의 탓을 하는 것이다.

친구와 헤어져야 할 때는

Baltasar Gracián

가능한 한 좋은 인상을 남기고,
자연스럽게 관계가 식게 내버려 두어라.
분노로 인해 관계를 망치고
마음에 상처 주는 일은 되도록 피하라.
천천히, 차분하게 물러나는 편이 좋다.

때로는
싫은 티를 낼 것

전혀 화를 내지 않는 사람은

인간미가 부족하게 느껴진다.

어떤 때는 강하게 감정을 드러내는 일이 필요하다.

너무 무던하기만 하면

곧 새들의 놀이터가 된 허수아비와

다름없는 처지가 된다.

그렇다고 엄격했다가 상냥했다가 하며

너무 변덕스러우면

이상한 사람으로 여겨진다.

오직 아이들과 어리석은 자를 대할 때만

상냥하면 된다.

그 이외의 사람에게 늘 상냥하게 대해봤자
상대는 그다지 큰 감흥을 느끼지 못하고
지겨워할 뿐이다.

아무리 긴 밤이어도
반드시 해는 뜬다

참을성 있게 기다리라.

인내심을 갖춘다면

어떤 일에도 쉽게 당황하거나

크게 흥분하지 않게 될 것이다.

자신을 통제할 수 없다면

당연히 타인에게도 영향을 미칠 수 없다.

어떤 문제라도 하나하나 극복하고

그 핵심에 도달하려면

시간이 걸리는 법이다.

인내하며 기다릴 수 있다면

서둘러 해결하는 것보다

Baltasar Gracián

더 많이 달성할 수 있음을
깨닫게 될 것이다.

시간이 지나면 무리하게 해내려 했던 것보다
더 많은 진전을 이룰 수 있다.

신조차도 인내심이 강하다.
시간을 내 편으로 만들면
어떤 장애물에도 자신감을 가지고 맞설 수 있다.
아무리 긴 밤도 기다리면 반드시 해가 뜬다.

험담은
자신에게 돌아온다

타인의 일을 비웃거나 재미있어해서는 안 된다.
남을 욕하는 사람이라고 소문이 나면,
모두에게 미움받을 뿐이다.

남 얘기를 즐겨 하는 자를 둘러싼 사람들은
단지 그를 재미있어할 뿐이다.
욕을 하면 그 말이 자신에게 돌아온다는 사실을
잊지 않도록 하라.
모든 행동에는 결과가 따른다.

015

감당할 만한 일인지
판단하라

깊게 생각하는 습관을 기르자.
일부 무분별한 사람들이
감당하기 어려운 일을 자처하는 이유는
깊게 생각하지 않아서
이후를 예측하지 못하기 때문이다.
이성적으로 생각하면
상황을 올바르게 판단할 수 있다.

한편 중요하지 않은 세부사항에
지나치게 집착하면
잘못 판단하거나 그릇된 행동을 할 수도 있다.

깊이 숨겨져 있던 진실이 드러나기를 기다렸을 때,
이윽고 모든 것을 이해할 수 있게 되는 경우도 많다.

.

많이 하지 말고,
중요한 일을 하라

감당하지 못할 만큼 많은 일을 벌이기보다
중요한 것에 집중하라.
어떤 것이든 '최고의 것을
조금씩 맛보는 것'이 가장 좋다.

양이 많으면 자연히 가치가 떨어진다.
마찬가지로 책도 분량으로 평가되지 않는다.
책은 정신을 단련시키는 것이지,
무게로 근력을 단련시키는 도구가
아니기 때문이다.

크기나 양 자체에 본질적인 가치는 없다.

이것저것 욕심을 부리면 아무것도 이룰 수 없다.
많은 사람 중에서 돋보이기 위해서는
'질'이 중요하다.

사람의 본질도 무게로는 측정할 수 없다.

이성도,
감성도 필요하다

머리와 마음은 모두 지성의 뿌리를 이룬다.
어느 쪽을 부정해도 행복은 반감된다.

이성과 개념으로만 살려고 하는 것은
어리석은 일이다.
감정도 불가결한 인생의 요소이며,
그것 없이는 사회적 지위를 얻거나
일이나 인간관계를 이룰 수 없다.

슬픔은
흘려보내라

슬픔을 잊는 것은
요령이 아닌 운의 영역인 만큼,
꼭 익히고 싶은 기술이다.
실제로 가슴에 맺힌 일은 잊기 어렵다.

의식적으로 기억을 단련하라.
즐겁고 마음이 편안해지는 일만을 기억하고,
기쁜 일에 의식을 집중하라.
기억의 사용법에 따라서
이 세상은 천국도 되고 지옥도 될 수 있다.
그저 망각의 강에 흘려보내는 것만이
슬픔을 치유하는 유일한 방법은 아니다.

나쁜 일은 하나만
일어나지 않는다

재앙은 결코 홀로 오지 않고
한꺼번에 다가온다.
기쁨도, 행운과 불운도 마찬가지다.
비슷한 것끼리 서로 끌리는 법이다.

한 번 잘 안 풀리면
나쁜 일은 더 일어난다.
불운을 불러들이지 않도록 하자.
한 번 불러들이면
완전히 무너지기까지 이어질 수 있다.
좋은 일은 끝까지 남아 있지 않지만,
나쁜 일은 언제까지나 끝나지 않을 것처럼 보인다.

불운이 닥쳤다면
인내하며 호전되기를 기다려라.
불운의 원인을 찾고
지혜를 발휘하여 맞서 싸워야 한다.

죽은 후에도
잊히지 않는 사람

선을 품고 살아가는 것으로 인간은 완성된다.

선이 있는 사람은 앞을 내다보고,

지혜와 용기를 가질 수 있다.

친절하고 정직하며 조심성이 있는 사람은

모두에게 존경받는다.

고결함과 영민함, 이해심은 행복의 근간이다.

선은 이 세상을 두루 비추고 평온함으로 덮어준다.

선이라는 그 아름다운 빛은

신과 사람에게 모두 경배받을 것이다.

선이 없는 아름다움은 없고,

악이 없는 추악함도 없다.
인간이 위대한지는
오로지 선으로 판단할 수 있으며,
재물이나 부로 판단할 수 없다.

살아 있는 동안 사랑받고,
죽은 후에도 잊히지 않는 자는
선한 사람뿐이다.

Baltasar Gracián

적이 아닌 친구에게
둘러싸여라

친구는 영혼의 일부이자, 또 다른 나다.

친구와 함께 적극적으로 지혜를 나누라.

사람은 남이 원하는 대로 된다.

그러니 좋은 사람들을

내 편으로 만들라.

인생은 서로를 지탱하며 완성하는 것이다.

적에게 둘러싸여 있는 것보다

친구에게 둘러싸여 사는 편이 낫다.

날마다 우정을 찾아 헤매자.

우정의 씨앗을 뿌리고, 새로운 친구를 늘려라.

전환점은
반복해서 찾아온다

사람에게는 7년마다 전환점이 온다고 한다.

이를 정신적 성장을 위한 기준으로 삼아라.

첫 7년은 지성이 탄생할 순간이며,

그 후 7년마다 새로운 미덕이 빛을 발하게 된다.

이 기간에 일어나는 변화를 의식하고,

자신에게 유리하도록 적용하라.

변화는 새로운 지위나 직업 등의 형태로

매우 일상적으로 나타날 수도 있지만,

큰 변화가 시작될 때까지는

알아채지 못할 때도 있다.

Baltasar Gracián

사람들은 이십 대에 공작처럼 젠 척하며 걷고,

삼십 대에 사자처럼 소리치며,

사십 대에 낙타처럼 절제하는 사람이 되고,

오십 대에 뱀처럼 음흉함을 드러낸다.

육십 대에는 시시한 개,

칠십 대에는 교활한 원숭이,

그리고 팔십 대에는 굳이 말할 필요가 없을 것이다.

욕망이 사라지면
걱정이 시작된다

모든 것을 손에 넣으면 불행해진다.

갈망할 것이 없으면 정신은 활력을 잃고

모두 이루어 버린 뒤에는

열정을 하얗게 불태우고 남은 잿더미에

실망하게 된다.

정신을 활기차게 유지하려면

열정과 호기심이 필요하다.

너무 만족하는 태도는 불운으로 이어진다.

더 이상 원하는 게 없어지면

이번에는 모든 일이 걱정거리가 된다.

즉, 욕망이 사라지면 걱정이 시작되는 것이다.

Baltasar Gracián

왜 가진 재능조차
발휘하지 않는가

뛰어난 재능은 큰 자산이다.

스스로 재능을 평가하고 최대한 발휘하라.

자신의 강점을 알고 갈고 닦아서,

충분히 활용하는 것이다.

강점 키우기를 소홀히 하는 사람들이 많은 것은

유감스러운 일이다.

그 잠재력을 최대한 발휘할 수 있을 때

인생에서 얼마나 많은 일을 이룰 수 있을지

생각해 본 적이 있는가?

철저한 계획이
결과를 만든다

Balthasar Gracián

새로운 계획에 착수하기 전에 잘 생각하라.

일을 제대로 해내고 싶다면

시간을 할애해 철저하게 계획을 세워야 한다.

서두르다가 저질러 버린 일은

돌이키기 쉽지 않다.

가치 있는 일은 노력도 많이 드는 법.

서둘러서는 안 된다.

도를 넘지 않는
유머가 필요하다

도를 넘지 않는 쾌활함은 강점이다.
약간의 유머는 때때로 정말 필요하다.

교양 있는 사람은
즐거워야 할 때를 알고, 좋은 인상을 남긴다.

그러나 부끄러운 짓이나
예절에 어긋나는 행동은 하지 마라.
배려해야 할 때를 구분하고,
아슬아슬한 상황에서도
약간의 농담으로 분위기를 바꿀 능력을 기르자.
쾌활한 사람은 모두가 좋아한다.

자신에게
엄격하라

자신에게 충실하자.

자존심에 상처 입히거나

자신의 가치관이나 규범에

어긋나는 일을 해서는 안 된다.

자신에게 부여하는 행동 잣대는

일반적인 사회규범보다 더욱 엄격해야 한다.

자책감에 사로잡히거나

자기혐오에 빠지는 행동은 삼가자.

자기관리를 충분히 한다면

타인의 주제넘은 충고는

더는 필요하지 않을 것이다.

차분한 사람이
더 평가받는 이유

갑자기 감정을 폭발시키는 태도는
결코 자신에게 좋지 않다.
수시로 감정을 차분히 되돌아봐야 한다.
조심성이 많은 사람이라면
어려운 일이 아닐 것이다.

특히 격렬한 감정이 몰려올 때는
감정을 먼저 인식하고
그것을 어느 정도 자유롭게 놔두라.
그다음에 정해둔 선을 넘으면 참아보라.
주변 사람들이 평정심을 잃고 있을 때
차분한 모습을 유지한다면

누가 봐도 멋져 보일 것이다.

발끈할 때마다
당신이 이성적인 사람이라는 인식은 사라진다.
그러니 평정심을 유지하라.

029

긍정에 집중하는 사람,
부정에 집중하는 사람

Oráculo Manual y Arte de Prudencia

어떤 불쾌한 일에도
긍정적인 면은 있는 법이다.
올바른 판단력으로
긍정적인 점을 발견하라.
누구든 긍정적인 면에 주목할 수도 있고,
부정적인 면에 집중할 수도 있다.
당신은 어떤 선택을 할 것인가?

결점을 찾아다니는 대신
어떤 일에서도 긍정적인 면을 찾아내는 쪽이
행복할 것이다.

아무리 불운하더라도

그 속에서 빛나는 행운을 한 가지 찾아보자.

우연히 거기에 있었을 뿐이더라도

그 행운에 주목하자.

올바르게 판단하고 선택한다면

반드시 보상받을 것이다.

사람을 얻는
통찰

Oráculo Manual y Arte de Prudencia

잘 관찰하고 올바른 판단을 내릴 능력이 있다면

항상 사람들을 이끄는 자리에 머물 것이다.

또 사람이나 물욕에 휘둘리지 않고

둘 다 통제할 수도 있을 것이다.

상대의 핵심을 제대로 파악하고

그 본질을 통찰하여 완전히 이해할 수 있도록

자신을 갈고 닦으라.

자세히 살펴봄으로써

사람의 내면 깊은 곳에 숨은 진실들을

모두 이해할 수 있게 된다.

세상에는
거짓말이 많다

신중한 사람들은

들은 말을 곧이곧대로 믿지 않는다.

세상에는 거짓말이 많고,

믿기 어려운 일들이 많음을 잘 아는 것이다.

남의 말을 믿기 전에 신중하게 생각하라.

그렇다고 의심의 빛을

너무 드러내서도 안 된다.

모욕당했다거나 거짓말쟁이로 낙인찍혔다고

여겨지지 않기 위해서다.

거짓말은 말뿐만 아니라 행동에도 숨어 있다.

이 점을 항상 명심하라.

신뢰할 사람을
제대로 고르라

약속은 서로 얼굴 붉힐 일이 없는 상대와 하자.

그러면 그 약속은 끝까지 지켜지거나,

한쪽의 동의하에 깨지거나 할 것이다.

몰래 상대를 배신하는 일은 일어나지 않는다.

이로써 서로가 자신을 위해 상대를 지키게 된다.

상대를 믿고 신뢰해도 되는 때는

쌍방의 위험도가 같고

공동의 위기가 있을 때뿐이다.

감정이 격해지면
일단 자리를 피하라

분별력을 가지고

땅에 발을 단단히 붙이고 살아야 한다.

남의 사소한 의견에 쉽게 휘둘려서는 안 된다.

특히 명예에 관련된 논쟁에서는

지극히 이기기 어렵다.

그러니 말다툼은 피하는 게 현명하다.

자신의 명예가 더럽혀졌다고 느끼면

불같이 흥분하며 반론하는 유형이 있다.

절대 그 수에 넘어가서는 안 된다.

그 자리를 떠나면 될 일이다.

굳이 싸우는 어리석은 사람도 있지만

그렇게 되지 않는 것은 자신에게 달려 있다.

일상을
통제하는 힘

평온하게 사는 사람은
오래 살 수 있을 뿐만 아니라,
일상을 통제하는 힘을 갖추게 된다.

현재 일어나고 있는 일에 주의를 기울이면서도,
자신과 관련 없는 일에는 간섭하지 말라.
스트레스가 없으면 밤에 푹 잘 수 있다.
기쁨으로 가득한 삶은
두 배로 살아가는 것과 같다.
이는 평온한 마음에 대한 보상이다.

자신과 무관한 일에 간섭하지 않으면,

많은 것이 손에 들어온다.

보이는 모든 일에 관여하려고 하는 행동만큼
헛된 일은 없다.
무관한 일에 마음을 쏟는 것도 어리석은 일이며
자신의 문제에 무관심하게 되는 것도
어리석은 일이다.
자신도 살고, 다른 이도 살게 하라.

선의가
이끄는 결과

지식과 선의를 가지고 노력하면
어떤 일에서도 괜찮은 결과를 얻을 수 있다.
반면 나쁜 의도로 행한다면
엉뚱한 결과가 초래될 수 있다.

악의는 그 자체로 해로울 뿐만 아니라
지식과 결합하면
더욱더 예상치 못한 결과를 빚어낸다.
선악의 개념 없이 학문을 이용한다면
말도 안 되는 인간들이 늘어날 뿐이다.

텅 빈 내면은
금세 탄로 난다

Baltasar Gracián

중요한 것은 내면이다.
외모보다 훨씬 많은 것을
항상 내면에 두자.

겉모습만으로 살아가는 사람은
돈이 부족하여 완성하지 못한 집과 같다.
현관은 멋지겠지만
들어가 보면 텅 비었을 뿐이다.
이런 사람과는 인사를 나눈 후로는 할 이야기가 없다.
물론 허울만 좋은 사람도
그렇지 않은 척할 수는 있을 것이다.
그러나 눈이 밝은 사람은

그 외모에 감춰진 텅 빈 내면을
금방 눈치 채는 법이다.

단점은 가장 먼저
눈에 띈다

Baltasar Gracián

완벽한 사람에게도 한두 가지의 단점은 있다.
그러나 자신의 단점이 무엇이고,
그 단점을 잘 숨기며 살고 있는지
깨닫지 못할 가능성이 크다.

자신의 단점을 알고 있거나
주변인들이 그 단점을 싫어함에도
고치지 못하는 경우도 많다.

늘 단점을 없애려고 애써야 한다.
왜냐하면 단점은 가장 먼저 타인의 눈에 띄고,
결국 자신의 좋은 점까지 망치기 때문이다.

위험을 무릅쓰며
행하지 마라

Oráculo Manual y Arte de Prudencia

어리석은 사람이 경솔한 행동을 한다.

중요한 순간에는

성급하거나 무모한 행동을 해서는 안 된다.

현명한 사람은 인내심을 가지고,

전망을 관찰하거나 정찰하며 시기를 엿본다.

위험을 무릅쓰지 않아도

갈 수 있다는 확신이 든 후에야,

미지의 영역으로 치닫는 것이다.

때로는 무모하고 부주의한 사람도

운이 좋으면 성공하지만,

대부분은 잘되지 않는다.

살아가는 데 위험이 많다는 사실을 알았다면

이제 돌다리도 두드리며 신중하게 나아가자.

좌절의 순간에
생기는 역량

필요에 떠밀려 큰일을 해내는 경우가 종종 있다.
수영을 못하는 사람도,
익사할 상황에서는 수영하게 된다.

용기는 필요한 때에야 비로소 발휘되며,
긴급한 상황에서는 평상시 상상도 못했던 힘을
발휘하는 법이다.

위기는 명성을 얻을 기회다.
품위 있는 사람이라면
좌절당한 때 비로소 무한한 힘을 발휘한다.
사람은 도전을 통해 위대해진다.

신념이 있다면
굴복하지 마라

확고하게 정의로운 신념을 지닌 사람은

격렬한 반대에도,

고함으로 항의하는 대중에게도

결코 굴복하지 않는다.

이성적으로 자신의 입장을

굳게 지킬 수 있기 때문이다.

진정한 정의에 온몸을 바칠 수 있는 사람은

매우 드물지만

그런 척하는 사람은 많다.

정치인들은 정의를 외치겠지만

결국은 배신한다.

어떠한 상황에서도 신념을 지켜라.

정말로 정직한 사람은

성실한 태도를 변덕스럽게 바꾸지 않으며,

타인을 배신하는 행위도 하지 않는다.

오히려 진실이 있는 곳이라면 어디든 향한다.

5장

"세상이 인정하는 것을
비난하지 마라"

현명한 대화를 위한 지혜

많은 사람이 사랑하고 기뻐하는 것에는 어딘가에는 좋은 점이 있을 것이다. 혼자 이해하지 못한다고 해서 의견을 달리하면 비난하면 되려 비난받을 수 있다. 세상이 인정하는 것에 관해 공개적으로 비난하지 말 것. 그것이 세상을 적으로 돌리지 않는 방법이다.

동의하는
척하라

상대로 하여금
내가 그의 생각에 동의한다고 여기게 하고
그 사이에 그를 무너뜨릴 기회를 노려라.

상대방이 원하는 것을
손에 넣었다고 믿게 하면서
실제로는 그 이상을 얻기 위한
포석을 깔아두는 셈이다.
이 전략은 충돌의 위험이 있을 때
특히 유용하다.
조용히 전진하자.

Baltasar Gracián

실수하면 안 될 것 같은 사람이 되라

Oráculo Manual y Arte de Prudencia

항상 냉정하고 자존심을 잃지 않는 사람에게는
누구도 쉽게 말실수조차 할 수 없다.
이처럼 자신의 감정을
자유롭게 조절할 수 있으면
진정한 자유의지를 가진 것과 같다.

격한 감정에 지배당하더라도
업무에 지장을 주지 않도록 하자.
그러면 크게 인정받을 수 있을 것이다.
후회할 만한 일은 일절 말하지 말라.

말투 때문에 진정성이
의심받아서는 안 된다

Baltasar Gracián

대화는 매일 하는 것이기에
더 신중한 주의가 필요하다.
사람들은 대화를 통해 판단되기 때문에
늘 주의를 기울여야 한다.
글을 쓸 때 신중하게 검토하듯
평소 대화도 항상 신경 써야 한다.

옛사람들이 말처럼
'말에는 그 사람의 성품이 묻어난다.'
옷차림처럼, 대화도 형식적이지 않고
너무 딱딱하지 않은 편이 좋다는 사람도 있다.
친구 사이라면 이러해도 괜찮다.

그러나 경의를 표할 때는

그 자리의 예의범절이나 규칙에 맞춰야 한다.

거기서 통용되는 말투에 주목해 적용하자.

말투 때문에 진정성이 의심받아서는 안 된다.

또 다른 사람의 의견을

앵무새처럼 옮기는 것으로 보이지 않도록

주의해야 한다.

그렇지 않으면 타인은

당신 앞에서 의견을 말하기를 주저할 것이다.

사려 깊은 사람이 언변이 좋은 사람보다

언제나 선호된다.

조언은
소수에게 구하라

우호적인 조언을
한 귀로 듣고 흘리는 행동은 옳지 않다.

남의 말에 귀 기울이지 않는 자는
어쩔 수 없이 어리석은 사람이다.
나라를 다스리는 자들조차도
학자들의 의견을 소홀히 하지 않는다.
바보 같은 짓은 그만두라고 동료가 경고하는데
파멸의 길로 뛰어드는 자는 구원할 길이 없다.

정점에 이르렀다고 해도
친구들에게 문을 열어두어야 한다.

그들이 주저함 없이,
비난을 두려워하지 않고
의견을 말할 수 있도록 해야 한다.

다만 조언을 들을 자는 소수에 한정하라.
모든 사람의 말에 귀 기울일 필요는 없다.
필요한 상황에서, 중요한 조언자의 지적을
감사하게 받아들이면 된다.

상대의 기분이
좋을 때 부탁하라

Baltasar Gracián

타인에게 쉽게 부탁하는 사람이 있는 반면
말조차 꺼내기 어려워하는 사람도 있다.
부탁을 잘 받아주는 사람도 있지만
항상 거절하는 사람도 있다.

후자에게 부탁할 때는
타이밍을 잘 고려해야 한다.
상대방이 내 용건을 미리 알고 있다면
부탁할 때가 아니다.
그가 기분이 좋을 때를 노려라.
기분이 좋을 때는 인심도 좋은 법이다.

거절당한 지 얼마 안 된 사람이나

몹시 슬퍼하고 있는 사람에게는

아무것도 부탁하지 마라.

부탁하기 이전에 친절하게 대하라.

따뜻한 마음이 전해지면

어려운 상황의 상대방도 쉽게 마음을 열 것이다.

세상이 인정하는 것을
비난하지 마라

많은 사람이 사랑하고 기뻐하는 것에는

비록 이해되지 않을지라도

어딘가에 좋은 점이 있을 것이다.

혼자만 의견을 달리하면 의심받고

틀리면 조롱받을 수 있다.

남들이 좋아하고 고마워하는 일에

비난을 하나만 해도

우리의 판단력이나 감각을 의심받게 된다.

세상이 인정하는 것의 좋은 점을 이해하지 못해도

숨기고 공개적으로 비평하지 말 것.

잘못된 선택은 무지에서 비롯된다.

Baltasar Gracián

'모두가 인정하는 것에는 그 가치가 있겠지'
또는 '그랬으면 좋겠다' 하는 생각을
마음에 품고 잠자코 있으라.

최고의 욕망은
곧 최고의 약점

누군가의 생각을 바꾸고 싶다면
그 사람의 약점을 찾아내라.
상대의 마음속 깊이 닿고 싶다면
힘이 아니라 머리를 써야 한다.

누구나 쾌락이나 명예에 대한 욕망이 있다.
상대를 움직이는 강한 욕망을 알게 되면
그의 생각을 바꾸는 열쇠를
이미 손에 쥔 것이나 다름없다.

세상에는 성자가 드물고
많은 사람이 저속하다.

Baltasar Gracián

상대가 무언가에 흠뻑 빠져 있다면

그것이 공략할 지점이다.

최고의 욕망은 곧 최고의 약점이기도 하다.

비밀을 말하지도, 듣지도 마라

윗사람과 비밀을 공유해서는 안 된다.
한층 가까워졌다고 생각하겠지만,
사실 문제의 불씨만 틔운 셈이다.

비밀을 털어놓은 사람은
불안과 괴로움에 시달리다가
결국 모든 기운이 쇠하고 만다.
타인의 정보는 상당한 권력이 되고,
그 정보를 쥔 자는
채찍을 휘둘러 급소를 가차 없이 공격할 것이다.

친구끼리 나눈 비밀이 가장 위험하다.

상대에게 비밀을 말하고 나면

그 상대에게 좌지우지 당하게 된다.

그런 긴장 속에서 친구 관계는 지속될 수 없다.

불가능을
가능하게 하는 한마디

Baltasar Gracián

나쁜 말은 몸을 관통하는 화살과도 같아
영혼에 상처를 준다.
하지만 향기로운 말은 상황을 반전시키며
불가능을 가능하게 만든다.
향기롭게 말하기 위해서는
반드시 기술이 필요함을 기억하라.

우리는 돈이 아닌 분위기로 거래한다.
용기와 힘은 고결한 분위기에서 빚어진다.
향기로운 말로 당신의 입을 아름답게 채우고
악의를 가진 사람조차도
당신의 말을 즐거이 듣게 만들어라.

말수가 적으면
비난도 적다

상대방 앞에서 말을 조심하라.

그리고 누구에게나 예의 바르게 말하라.

한 번 입 밖으로 내놓은 말은

되돌리기 어렵다.

따라서 반드시 신중하게 말해야 한다.

말수가 적을수록 받는 비난도 적다.

겸손함은 신성한 것이다.

반면 말이 많은 사람은

언제나 입 때문에 실패한다.

아는 것만
말하라

어떤 것에 대해서든

정확하게 알지 못한다면

아는 것에 대해서만 말하라.

그러면 지식이 풍부하다는 칭찬은 듣지 못해도

정확하다는 평가는 들을 수 있다.

잘 알지도 못하면서 위험을 감수하는 건

스스로 멸망의 길로 들어서는 태도나 다름없다.

어떤 것에 대해 많이 알건, 조금 알건

아는 부분에 대해서만 입을 여는 편이

사실과 전혀 다른 말을 하는 것보다 현명한 처사다.

Baltasar Gracián

사람이 따르지 않는
사람의 공통점

타인의 나쁜 면을 자주 비웃는 사람이 있고,

되도록 좋은 면만을 말하는 사람이 있다.

좋은 면을 칭찬하는 사람은

여기저기서 원하는 이가 많아져

되도록 그의 의견을 듣고 싶어 할 것이다.

반대로 부정적인 이야기를 하는 사람,

특히 당사자가 없는 곳에서

타인의 험담을 하는 사람은

당분간은 별 탈 없이 지내더라도

조만간 주위에 사람들이 점차 없어질 것이다.

대화 상대에 따라 험담 주제를 바꾸고 있음은
누구나 쉽게 알아차릴 수 있기 때문이다.
대화 자리에 없는 상대를 욕하는 것은
멍청한 짓이다.

옳은 입장에 서면
반은 이긴 것과 같다

상대방의 주장이 옳은 경우

어떻게 토론에서 이길 수 있을까?

이때는 단순히 반대를 위해 반론해서는 안 된다.

상대방은 옳은 입장에 서 있기 때문에

반은 이긴 것과 같다.

반대쪽에 서봤자 체면을 잃을 뿐이다.

이러한 진리는 말뿐이 아니라

행동 측면에서도 지켜야 한다.

옳지 않은 편에 서서 잘못된 행동을 취하면

자칫 모든 것을 잃을 수도 있기 때문이다.

상대방과 마찬가지로
옳은 입장에 서라.
이 예상치 못한 협력에 놀란 상대방은
엉겁결에 당신에게 반대하려다
잘못된 입장에 설 수도 있다.
그렇게 되면 이번에는 당신 쪽이
우위를 차지해서 반드시 이길 수 있다.

상대방을 우위에서 끌어내리는 유일한 방법은
옳은 주장을 하고
상대로 하여금 좋은 주장의 입지를
버리도록 하는 것이다.

비밀을
잘 캐내는 법

말로 상대를 몰아세워 가슴속의 비밀을
완전히 고백하게 하는 방법이 있다.
그의 본심이나 의도를 날카롭게 살피며,
무심코 한 말이라도 놓치지 않고 따지고,
의심을 거두지 않는 것이다.
그러면 상대방이 깊이 숨기는 것마저도
찾아낼 수 있다.

이 방법을 사용하면
상대방의 입에서 비밀이
저도 모르게 새어 나와
그의 실체가 드러난다.

의심의 눈빛은 숨겨진 정보의 열쇠를 찾는
가장 좋은 방법이다.

위험을 감수하고라도
진실을 말해야 하는 때

위험을 감수하고라도

진실을 말해야 하는 때가 있다.

그럴 때 진실을 올바르게 전달하기 위한

특별한 방법이 있다.

누군가를 괴롭게 만들 진실이라면

부드럽게 말하라.

누군가에게 기쁜 진실이

다른 이에게는 나쁜 소식이 될 수도 있다.

예의 바르게,

약간은 과거화하여 말하는 것이 좋다.

상대의 이해가 빠르고

조금의 암시만으로도 충분할 때는
이 방법을 사용하자.

진실을 말하지 않는 편이 나을 때는
때때로 진실을 왜곡하는 선택도 필요하다.

지나치게
변명하지 마라

너무 변명하지 말 것.

설령 그럴 필요가 있는 경우라도 말이다.

변명이 지나치면

남에게는 더욱 안 좋게 비칠 뿐이고,

약점이나 불완전함의 증거가 되고 만다.

누군가 자신을 의심하고 있을까 봐

걱정하며 미리 변명하고

자신을 포장하는 태도도 그만둘 것.

더 이상 자신의 삶을 스스로 깎아내리지 마라.

침묵해야 할 때를
알라

침묵할 때
비로소 자신의 패를
상대방에게 보여주지 않을 수 있다.
상대방에게 패를 보여주는 것은
경솔할 뿐만 아니라 품위가 없는 짓이다.

의도를 숨기고, 수수께끼와 같은 모습으로
상대방을 긴장시키도록 하라.
마음속 깊은 곳에 있는 개인적인 일을
낱낱이 털어놓지 말아야 하는 것이다.

언제 침묵해야 하는지 알아야 한다.

너무 빨리 목적을 드러내면

곧 비판의 대상이 된다.

상대방을 기다리게 할 때,

오히려 언제나 주변 사람들의 관심을 끌 수 있다.

그사이에 당신은

상대방을 원하는 대로 조종할 수 있다.

마치 놀라움과 경외심을 불러일으키는 신과 같이.

지혜로운
거절

지혜로운 거절은 매우 중요하다.

언제나 모두를 만족시킬 수는 없다.

아무 의미도 없고 시간 낭비인 일은

일찌감치 거절하라.

그러기 위해서는 먼저

예의 바른 말투를 익힐 필요가 있다.

처음부터 줄곧 거절하면

상대에게 그 뜻이 제대로 가닿지 않고,

사이만 나빠질 수 있다.

때로는 정중한 거절이 섣부른 동의보다 낫다.

다만 완전히 단호하게 거절해서는 안 된다.

특히 윗사람에게는 예의를 갖추어야 하므로,
거절하는 동안에도 약간의 여지는 남겨라.

동의 대신 예의 바른 태도와 정중한 말로
자신의 의사를 정확히 전달하자.
'동의'와 '거절'을 말하기는 쉽지만,
그 방법은 신중해야 한다.

거친 말은
마음을 찌른다

Baltasar Gracián

부드러운 말에는
따뜻한 마음이 담겨 있지만,
거친 말은 마음을 찌른다.

상대방을 자극하는 말이라도 부드럽게 하면
적조차도 태도를 부드럽게 할 것이다.

이 진리를 아는 사람은
어떤 상황에서도 분위기를 사로잡을 수 있다.
사람들에게 사랑받는 유일한 방법은
따뜻하게 말하는 것이다.

일이 커지기 전에
웃으며 넘겨라

일이 커지기 전에

재빨리 재치 있게 말하며

넘겨야 할 때도 있다.

민감하고 혼란스러운 대화의 순간에서

매끄럽게 빠져나가는 능력은 매우 유용하다.

어떤 상황에서도 웃는 얼굴과

여유로운 태도로 모면하는 기술을 익히자.

화제를 바꾸는 것이다.

상대방을 불편하게 만드는 친절한 말

친절한 말이 상대방을 불편하게 만들 때가 있다.
상대방의 본심을 제대로 파악하지 않으면
그를 짜증스럽게 만들거나,
칭찬하려는 의도가 오히려
모욕으로 받아들여질 수도 있다.

상대방의 기분을 잘 파악하여 정확하게 말하라.
대개 상대를 비참하게 만들기보다는
만족시키는 쪽이 훨씬 쉽다.
반대로 상대방을 우울하게 만들고
정신적 충격을 주는 이는 벌을 받아도 마땅하다.

명확하게
전달하라

대화할 때 상대방이 잘 이해할 수 있도록
명확하게 말하려고 노력하라.

전하고자 하는 내용을
마음속에 품고 있기는 쉽지만,
이를 말로 표현하기는 쉽지 않다.
지식의 산물, 즉 생각과 의견은
탄생의 고통이 따르기 때문이다.
큰 덩치에 비해 내실이 부족한 사람이 있는 반면
겉보기보다 많이 생각하고 말하는 사람도 있다.

명확하게 말하는 사람은

높게 평가받고 존경받는다.

왜냐하면 그의 모든 의견이

제대로 이해되기 때문이다.

평범하게 보이지 않겠다며

굳이 어려운 용어를 써서 말하는 사람은

누구에게도 인정받기 어렵다.

말하는 사람조차 충분히 이해를 못 하는데

듣는 사람이 이해할 리가 없다.

과장된 표현은
거짓말과 같다

과장은 대개 사실이 아니며,

무리한 의견이라는 생각을 갖게 한다.

그러므로 과장은 절대 피해야 한다.

계속 이야기를 부풀려 봤자

그 말은 품위를 잃을 뿐

설령 그것이 옳은 견해라도

상대는 그리 여기지 않는다.

사람이나 사물을 과하게 칭찬하면

기대치가 높아진다.

이때 그 기대가 어긋나게 되면

칭찬한 쪽도, 칭찬받은 쪽도 모두 체면을 잃는다.

따라서 말을 할 때는 겸손해야 하며,
절제된 표현을 신중하게 고른 뒤
입 밖에 내야 한다.

과장된 표현은 거짓말의 일종이라 할 수 있다.
과장하여 전달하면
올바른 판단력을 가진 인물이라도
그 평판을 잃게 될 것이다.

동료에게 환영받지
못하는 사람

간결하게 말하면 듣는 사람이 좋아할 뿐 아니라,

더 좋은 일을 부른다.

간단하게 표현함으로써

좋은 일은 더욱 좋아지고,

나쁜 일은 그다지 나쁘지 않게 전달된다.

반면 같은 말을 반복하면

사람들은 그를 아무것도 모르는 사람으로 여긴다.

도움이 되지 않는 사람은

동료에게 환영받지 못하므로

문득 정신을 차려 보면

외톨이가 되어 있을지 모른다.

또 윗사람을 귀찮게 하는 행동은

모든 자를 귀찮게 하는 것과 다름없다.

그들의 소중한 시간을 빼앗아서는 안 된다.

할 말이 있다면 반드시 간결하게 말해야 한다.

마음은 말투로
이어진다

예의 바른 인물이라고 인식되면

그 자체로 호감을 얻을 수 있다.

사람과 사람의 마음은 무엇보다

공손한 말씨를 통해 이어진다.

반면에 무례한 말투를 쓰면

단숨에 평판을 잃는다.

대립하는 상대에게도

예의를 갖추려고 노력하면

대담한 인물로 평가된다.

예의를 조금만 신경 쓰면

관계가 순조롭게 이어진다.

완벽한 평판도
단번에 무너질 수 있다

거짓말은 하지 않아야 하지만

그렇다고 모든 것을 다 드러낼 필요도 없다.

진실은 세심하게 다루어야 한다.

때로는 진실을 가만히 두어야 할 때도 있다.

더할 나위 없이 성실한 사람이라는

완벽한 평판조차도

단 한 번의 거짓말로 무너질 수 있다.

굳이 의도치 않더라도,

거짓말은 진실을 말하는 과정에서조차

수시로 나타난다.

그러므로 말하지 않아야 할 진실을

Baltasar Gracián

주의하여 지켜야 한다.

자기 자신을 위해서든,

또 다른 사람을 위해서든 말이다.

너무 진지한 사람은
우스꽝스럽다

Baltasar Gracián

신사는 농담을 해야 할 때,

모범을 보여야 할 때,

예의를 차리지 않아도 될 때를

아는 자다.

때로는 사람들에게 동조하기도 하겠지만,

천박해지는 일은 결코 없다.

모두의 앞에서 한 번이라도 바보 같은 짓을 하면

그 후로 계속 그런 사람이라는 인식에

갇히기 때문이다.

사람들 앞에서 웃음거리가 되면

평생 돌이킬 수 없다.

그래도 가끔 농담하는 것을

단념하지 않도록 하자.

항상 지나치게 진지한 사람은

오히려 우스꽝스러워 보이는 법이다.

두려움 없이
반박하라

참신한 의견을 말하고,
두려움 없이 반박하라.

항상 동의만 하는 사람은 존경받지 못하고
반대로 자신의 의견을 소중히 여기고
당당히 말하는 사람은 존경받을 수 있다.

또 아부하지도, 속지도 말라.
아첨하고 남을 속이는 자에게는
반드시 그 대가가 뒤따른다.

029

불공평한 싸움에
휩쓸리지 마라

Oráculo Manual y Arte de Prudencia

불공평한 싸움에 가세하면
평판이 떨어질 것이다.
상대는 경쟁해서 당신을 제쳐 버리려 하고,
당신의 명성을 망치려 할 것이다.

명예로운 경쟁은 드물다.
서로 친하게 지낼 때는
눈에 띄지 않았던 나쁜 점도
경쟁을 하면서 드러나게 마련이다.
상대가 누구든 명성을 위해 경쟁할 필요는 없다.
경쟁이 격해질수록 쌍방이 가리지 않고
사람들을 자기편으로 끌어들이려 하기 때문에

313

비난과 모략이
여기저기서 들려오기 시작할 것이다.

만약 상대방이 승산 없음을 깨닫게 되면
극심한 분노에 빠져
이기기 위해 모든 수단을 동원할 수도 있다.
매사에 우리의 신뢰를 떨어뜨리려 할 것이다.

항상 평화롭고 관대한 마음으로 살자.
그러면 평판도, 체면도 지킬 수 있다.

어쭙잖은 농담은
하지 않는 게 낫다

Oráculo Manual y Arte de Prudencia

지혜나 유머도 도를 넘어서면
말하는 사람이 웃음거리가 된다.
오히려 진지한 사람이
항상 농담을 달고 사는 사람보다
더 높은 평가를 받는다.
농담만 하다 보면
거짓말쟁이로 여겨질 수도 있다.
말하는 내용의 어디까지가 진실인지,
듣는 사람은 전혀 확신할 수 없기 때문이다.

의견을 말할 때는 진지하게 생각한 후에 말하라.
상황에 맞지 않는 농담으로

분위기를 흐리지 않도록 하자.

그렇다고 까칠하게만 굴면 호감을 사기 어렵다.
빈정대는 사람보다는
냉철하고 배려 깊은 사람으로 보이도록 행동하라.
유머는 때와 장소를 잘 선택해 사용해야 한다.
그 외에는 항상 진지하게 행동해야 한다.

말할 때마다
동의를 구하지 마라

듣는 사람이 불쾌감을 느끼는데

말하는 사람이 자기만족에 빠져 있으면

어떻게 될까.

아무도 내 말을 들어주지 않는 상황에 빠질 수 있다.

자기만족을 위해서 말하지 마라.

또 "이전에도 말씀드렸듯이",

"지금 말씀드리려고 하는데"와 같은 말을

남발하지 마라.

듣는 사람의 짜증을 불러일으킬 수 있다.

말할 때마다 일일이 동의를 구할 필요 없다.

듣는 사람은 귀찮을 따름이다.

결과는 남지만,
말은 사라진다

Baltasar Gracián

뛰어난 사람일수록 말과 행동이 일치한다.
올바른 계획은 똑똑함을 드러내며,
바르게 실행하는 태도는 성실함을 증명한다.
이 두 가지가 모두 갖춰져야
훌륭한 지도자라 할 수 있다.

박수를 보내는 쪽이 아니라
받는 사람이 되도록 노력하라.
말을 내뱉기는 쉽지만 실행하기는 어려운 일이다.
인생의 본질은 무언가를 이뤄나가는 자세에 있고
칭찬은 그것을 북돋우는 고명에 불과하다.

행동한 결과는 남지만 말은 공중으로 사라진다.

행동은 그 사람의 생각이 결실을 맺은 것이다.

현명한 자의 행동은 숙고의 결과다.

웃긴 사람과
우스운 사람

비범하게 보이려고 과장해서 말할 수도 있겠지만
그건 좋은 생각이 아니다.
또 익살스러운 태도나 애매한 태도도
당신의 평판을 깎아내린다.

진지함을 잃으면 그저 바보로 보일 뿐이다.
재미있는 원숭이 흉내는 사람들을 웃기겠지만
나중에는 무시당할 것이다.

Baltasar Gracián

비열하게
이기지는 마라

갈등을 회피하더라도
자부심을 포기해서는 안 된다.

비열한 방법으로 이기거나 자랑하지 말라.
그 일로 신용을 잃을 수도 있고
다른 싸움에서
같은 방법을 사용할 수 없을지도 모른다.

원하는 것을 손에 얻기 위해
규칙에 어긋나는 짓을 하거나
사람들을 부정하게 이용하지 말 것.

자신의 자존감을 저버리는 행동은

평판을 떨어뜨릴 뿐

그로 인해 얻을 수 있는 것은 거의 없다.

Baltasar Gracián

스스로의 가치 없음을
입증하는 일

Oráculo Manual y Arte de Prudencia

지위나 성과를 자랑하거나 주목받으려 하지 말 것.
굳이 질투심을 사는 일은
스스로 미움받으려는 태도와 같다.
자신을 과시해서는 존경을 받을 수 없다.
존경은 참을성 있게 노력할 때 얻는 것이다.

진가를 발휘하여
자신의 역할을 다함으로써 존경을 얻자.
당연히 존경받아야 한다는 태도는
실제로는 존경받을 가치가 없음을 입증할 뿐이다.

심지어 한 나라의 왕도

왕으로 태어났기 때문이 아니라
자신의 역량을 통해 추앙받기를 바란다.

때로는 비둘기처럼,
때로는 뱀처럼

Oráculo Manual y Arte de Prudencia

비둘기처럼 천진난만한 태도도 좋지만
때로는 뱀처럼 예리하고 간사한 면도 필요하다.

정직한 사람은 속기 쉽다.
절대로 거짓말을 하지 않는 사람은
다른 사람의 거짓에 속아 넘어가기 십상이다.
다시 말해 속는 것은 어리석음이 아니라
성실함의 반증인 경우가 많다.

속지 않도록 자신을 잘 지키는 사람은
두 가지 유형으로 나뉜다.
속은 뒤에 그 경험을 통해 배우는 유형과

오히려 교활해져서 타인을 속이게 되는 유형이다.

어느 쪽이든 불법적인 행위를 용납해서는 안 되며
그 대신 비둘기와 뱀 각각의 좋은 점을
받아들여야 한다.
이상한 사람이 아닌 현명한 사람이 되어야 한다.

성공의 근원은
신중함

사리 분별은 이성의 일부이자,

신중함의 근원이다.

이를 잘 활용하면 성공을 손에 넣기 쉽다.

전쟁터에서의 갑옷과 같이

신중함은 사람에게 꼭 필요하고

부족한 자는 온전한 인간이 될 수 없다.

모든 것은 사리 분별에 달려 있다.

이것이 바로 당신을 올바른 길로 인도해 준다.

곧이곧대로
믿지 마라

Baltasar Gracián

들으면 믿기 쉽다.

그러나 귀는 진실을 제대로 구분하지 못하고

거짓말에 아무렇지 않게 속아 넘어가기도 한다.

진실은 눈으로 확인하고 이해하는 것이며

타인에게 듣고서 알게 되는 것이 아니다.

전해지는 이야기에는 대개 선입견이 섞여 있다.

시간이 흐른 뒤에 전해지는 이야기는 특히 그렇다.

타인에게서 들은 이야기에는

전하는 사람의 감정이나 의견이 묻어 있어

이미 왜곡된 상태다.

그래서 칭찬이든 비판이든 경계하며 들어야 한다.

그 정보가 누구로부터 전해졌는지 면밀하게 살피고

그 사람의 상황을 미리 알고 있어야 한다.

정보의 출처에 유의하자.

입만 산 사람인지
판단하라

친구나 지인을 판단할 때에는

입만 산 사람인지,

행동까지 하는 사람인지 구별해야 한다.

예의 없는 말투도 좋지 않지만,

말만 번지르르하고

행동이 부도덕한 자는 더 나쁘다.

한번 내뱉은 말은 실행해야 하며

그렇지 않다면 그 발언은 아무 의미가 없다.

입만 산 자에게 속지 말아야 한다.

내면이 충실한 사람은 신뢰할 수 있으며,

주변 사람들에게 꼭 필요한 존재다.

허풍 떨며 말만 내세우는 자들은

허세만 가득할 뿐이다.

열매를 맺지 못하는 썩은 나무와 같은 것이다.

의견을
쉬이 바꾸지 마라

새로운 소식에 즉시 영향을 받는 사람들이 있다.

이런 자들은 최근 들은 정보가

지금까지의 상식과 완전히 정반대의 것일 때

혼란에 빠진다.

특히 어떤 문제에 대한 의견이 양극단으로 갈릴 때

이들은 매일 다른 자들의 말을

양처럼 따르게 될 것이다.

이런 식으로는 아무것도 얻을 수 없다.

새로운 정보는 매번 각양각색일 테니 말이다.

끊임없이 변화하는 상황에

흔들리고 망설이면 안 된다.

의견은 쉽게 바꾸지 마라.

041

자신을
완성하라

사람은 누구나 미완성인 채로 태어나
직업을 가지고 인격을 가다듬으면서
매일 조금씩 완성을 향해 나아가는 존재다.
정점에 다다르면 재능이 만발하고,
생각이 밝아지며,
날카로운 판단력을 갖추게 된다.

하지만 많은 사람이
끝내 자신을 완성 지점에 올려놓지 못한다.
어떤 이는 뒤늦게 성숙하기도 한다.
자, 이제 당신은 어떤 사람이 될 것인가?

인간답게 행동하고,
신과 같이 통찰하라

인간답게 행동하고,

신과 같이 통찰하라.

이것이 신의 법칙이자, 명백한 이치다.

옮긴이 김종희

고전 속에서 시공간을 초월해 고전 속에서 텍스트의 진짜 의미를 짚어내는 즐거움에 흠뻑 빠져 있는 번역가. 현재 출판 기획자 및 전문 번역가로 활동 중이며, 좋은 콘텐츠와 바른 번역을 통해 저자와 독자를 잇는 다리가 되고자 노력 중이다.

불완전한 인간을 위한 완전한 지혜
바르게 살지 마라 무섭도록 현명하게 살아라

초판 1쇄 발행 2024년 5월 16일
초판 6쇄 발행 2024년 10월 14일

지은이 발타사르 그라시안
펴낸이 이경희

펴낸곳 빅피시
출판등록 2021년 4월 6일 제2021-000115호
주소 서울시 마포구 월드컵북로 402, KGIT 19층 1906호

ⓒ 발타사르 그라시안, 2024
ISBN 979-11-93128-15-2 03160